Ivan Koesjnir

Economie van Frans-Polynesië

Serie "Economie in landen"

eerst gepubliceerd: 2021
laatst bijgewerkt: 2021-02-02

Ivan Koesjnir. Economie van Frans-Polynesië. Serie "Economie in landen". - 2021. - 71 pages.

Dit boek over de economie van Frans-Polynesië van de jaren 1970 tot de jaren 2010. Brongegevens uit UN Data.

Grootte. In de jaren 2010 was het bruto binnenlands product van Frans-Polynesië gelijk aan US$5,9 miljard per jaar; de waarde van de landbouw was US$174,6 miljoen; de waarde van de industrie was US$438,8 miljoen. Aangezien het aandeel in de wereld minder dan 0,01% bedraagt, wordt het land geclassificeerd als een zeer kleine economie.

Productiviteit. In de jaren 2010 bedroeg het bruto binnenlands product per hoofd van de bevolking $21.613,2, de waarde van de landbouw per hoofd $640,4, de waarde van de industrie per hoofd $1.609,8. Omdat de productiviteit tussen het gemiddelde en het gemiddelde boven het gemiddelde ligt, wordt de economie geclassificeerd als ontwikkeld.

Groei. In de jaren 2010 bedroeg de groei van het bruto binnenlands product 0,58%; de groei van de landbouw was -1,2%; de groei van de industrie was 0,59%.

Structuur. In de jaren 2010 omvatte de economie van Frans-Polynesië: diensten (59,9%), handel (13,4%), transport (11,4%), industrie (8,3%), constructie (3,7%) en landbouw (3,3%).

Uitvoer en invoer. In de jaren 2010 was de invoer 90,0% hoger dan de uitvoer, de netto-invoer was gelijk aan 17,3% van het BBP.

Consumptie en reproductie. De houding van reproductie ten opzichte van de consumptie is niet beter dan het mondiale gemiddelde, dus het aandeel van het BBP in de wereld zal niet toenemen.

Serie "Economie in landen": parallel.page.link/nl

ISBN: 9798701949599

Inhoud

Part I. Grootte

	de jaren 2010
BBP	US$5,9 miljard
Het aandeel in de wereld	0,0076%
Het aandeel in Oceanië	0,36%
Het aandeel in Polynesië	78,9%

Hoofdstuk I. Bruto binnenlands product

Het BBP van Frans-Polynesië steeg van US$678,9 miljoen per jaar in de jaren 1970 tot US$5,9 miljard per jaar in de jaren 2010, dat wil zeggen met US$5,2 miljard of 8,7 keer. De verandering vond plaats op US$3,9 miljard als gevolg van een 3,0-voudige stijging van de prijzen, en ook op US$513,6 miljoen als gevolg van een 1,4-voudige toename van de productiviteit , evenals op US$752,9 miljoen als gevolg van de toename van de bevolking. De gemiddelde jaarlijkse groei van het BBP is 2,9%. De minimumwaarde van het bruto binnenlands product bedroeg US$262,8 miljoen in 1970. De maximumwaarde van het bruto binnenlands product bedroeg US$7,1 miljard in 2008.

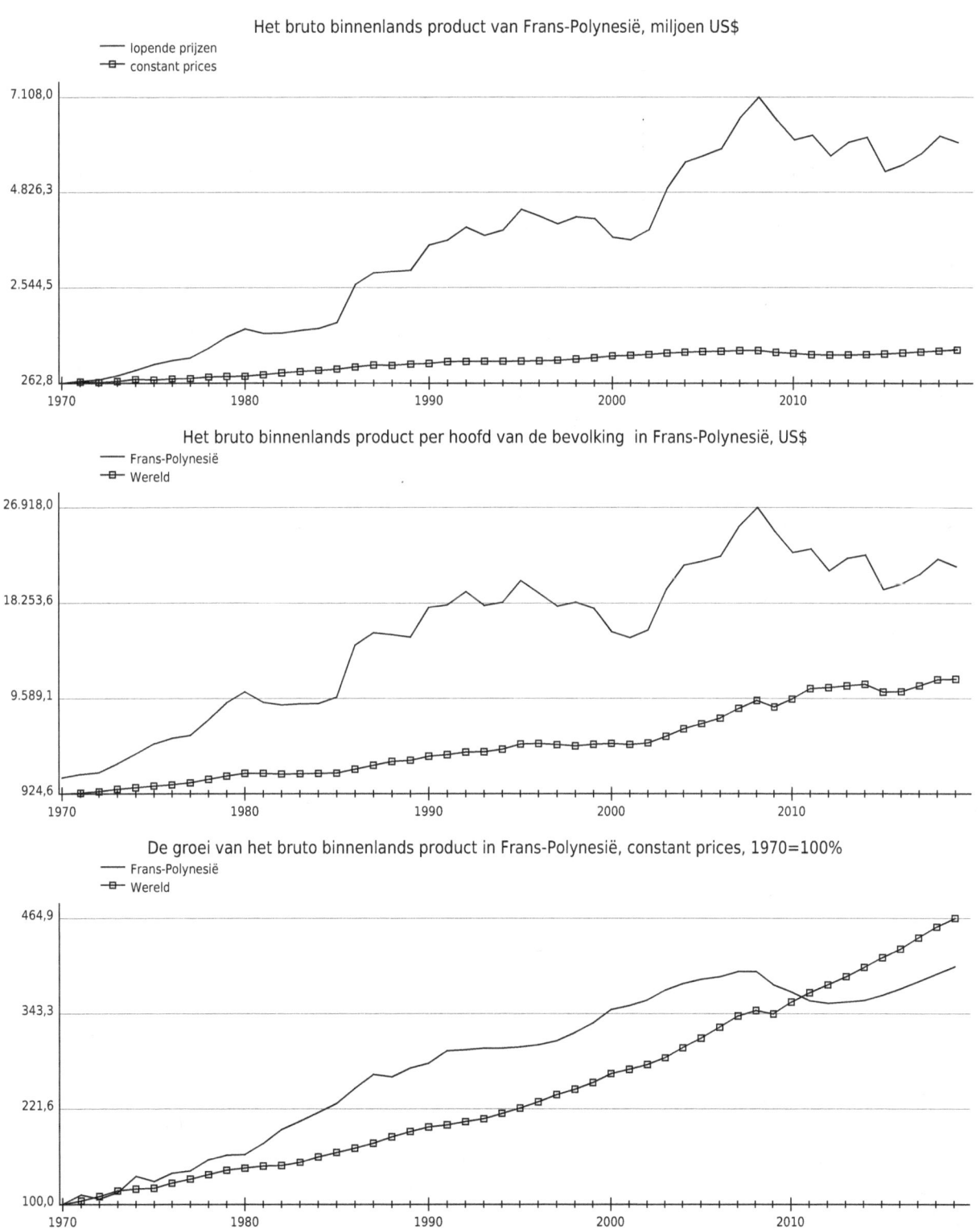

de jaren 1970

Het BBP van Frans-Polynesië bedroeg in de jaren 1970 US$678,9 miljoen per jaar, stond op de 122e plaats in de wereld, en was vergelijkbaar met Nieuw-Caledonië (US$685,9 miljoen), Congo (US$666,1 miljoen). Het aandeel in de wereld was 0,010%, en 0,59% in Oceanië.

Het BBP van Frans-Polynesië bestond uit: huishoudelijke uitgaven (56,2%), kapitaalvorming (35,9%) en overheidsuitgaven (28,9%).

Het BBP per hoofd in Frans-Polynesië was $5.252,7 in de jaren 1970s, stond op de 29e plaats in de wereld, en was vergelijkbaar met Libië (US$5,3 duizend), Bahrein (US$5,2 duizend), Oostenrijk (US$5,1 duizend). Het BBP per hoofd in Frans-Polynesië was in 3,2 keer hoger dan het bruto binnenlands product per hoofd van de bevolking in de wereld ($1.620,8), en was 2,7% lager dan het bruto binnenlands product per hoofd van de bevolking in Oceanië ($1.620,8).

De groei van het bruto binnenlands product in Frans-Polynesië bedroeg 5.6% in de jaren 1970, stond op de 64e plaats in de wereld. De groei van het BBP in Frans-Polynesië (5,6%) was groter dan de groei van het BBP in de wereld (4,1%), was groter dan de groei van het bruto binnenlands product in Oceanië (2,8%).

Vergelijking met buren. Het bruto binnenlands product van Frans-Polynesië was groter dan in Kiribati (US$50,8 miljoen) en in de Cook Eilanden (US$16,7 miljoen). Het BBP per hoofd in Frans-Polynesië was groter dan in Kiribati (US$926,9) en in de Cook Eilanden (US$830,7). De groei van het bruto binnenlands product in Frans-Polynesië was groter dan in Kiribati (2,6%) en in de Cook Eilanden (0,32%).

Vergelijking met leiders. Het BBP van Frans-Polynesië was minder dan in de Verenigde Staten (US$1,7 biljoen), in de Sovjet-Unie (US$649,4 miljard), in Japan (US$558,0 miljard), in Duitsland (US$484,2 miljard) en in Frankrijk (US$333,2 miljard). Het bruto binnenlands product per hoofd in Frans-Polynesië was groter dan in Japan (US$5,0 duizend) en in de Sovjet-Unie (US$2,6 duizend); maar minder dan in de Verenigde Staten (US$7,8 duizend), in Frankrijk (US$6,2 duizend) en in Duitsland (US$6,1 duizend). De groei van het bruto binnenlands product in Frans-Polynesië was groter dan in de Sovjet-Unie (4,8%), in Japan (4,6%), in Frankrijk (3,9%), in de Verenigde Staten (3,5%) en in Duitsland (3,1%).

de jaren 1980

Het BBP van Frans-Polynesië bedroeg in de jaren 1980 US$2,1 miljard per jaar, stond op de 119e plaats in de wereld. Het aandeel in de wereld was 0,014%, en 0,80% in Oceanië.

Het bruto binnenlands product van Frans-Polynesië bestond uit: huishoudelijke uitgaven (51,2%), kapitaalvorming (36,0%) en overheidsuitgaven (26,3%).

Het BBP per hoofd in Frans-Polynesië was $11.857,4 in de jaren 1980s, stond op de 29e plaats in de wereld, en was vergelijkbaar met België (US$11,9 duizend), Groenland (US$11,9 duizend), Oostenrijk (US$12,1 duizend). Het BBP per hoofd in Frans-Polynesië was in 3,8 keer hoger dan het bruto binnenlands product per hoofd van de bevolking in de wereld ($3.123,4), en was 14,1% hoger dan het bruto binnenlands product per hoofd van de bevolking in Oceanië ($3.123,4).

De groei van het bruto binnenlands product in Frans-Polynesië bedroeg 5.3% in de jaren 1980, stond op de 33e plaats in de wereld, en was vergelijkbaar met de Marshalleilanden (5,3%), Zuidoost-Azië (5,3%). De groei van het bruto binnenlands product in Frans-Polynesië (5,3%) was groter dan de groei van het bruto binnenlands product in de wereld (3,0%), was groter dan de groei van het BBP in Oceanië (3,1%).

Vergelijking met buren. Het BBP van Frans-Polynesië was groter dan in de Cook Eilanden (US$39,3 miljoen) en in Kiribati (US$36,7 miljoen). Het BBP per hoofd in Frans-Polynesië was groter dan in de Cook Eilanden (US$2,2 duizend) en in Kiribati (US$571,4). De groei van het BBP in Frans-Polynesië was groter dan in de Cook Eilanden (3,6%) en in Kiribati (-5,3%).

Vergelijking met leiders. Het bruto binnenlands product van Frans-Polynesië was minder dan in de Verenigde Staten (US$4,2 biljoen), in Japan (US$1,8 biljoen), in Duitsland (US$990,0 miljard), in de Sovjet-Unie (US$887,0 miljard) en in Frankrijk (US$729,5 miljard). Het BBP per hoofd in Frans-Polynesië was groter dan in de Sovjet-Unie (US$3,2 duizend); maar minder dan in de Verenigde Staten (US$17,4 duizend), in Japan (US$15,0 duizend), in Frankrijk (US$12,9 duizend) en in Duitsland (US$12,7 duizend). De groei van het BBP in Frans-Polynesië was groter dan in de Sovjet-Unie (4,3%), in Japan (4,3%), in de Verenigde Staten (3,1%), in Frankrijk (2,3%) en in Duitsland (1,9%).

de jaren 1990

Het bruto binnenlands product van Frans-Polynesië bedroeg in de jaren 1990 US$4,0 miljard per jaar, stond op de 123e plaats in de wereld. Het aandeel in de wereld was 0,014%, en 0,90% in Oceanië.

Het BBP van Frans-Polynesië bestond uit: huishoudelijke uitgaven (51,8%), overheidsuitgaven (26,6%) en kapitaalvorming (20,2%).

Het bruto binnenlands product per hoofd in Frans-Polynesië was $18.501,7 in de jaren 1990s, stond op de 32e plaats in de wereld, en was vergelijkbaar met Ierland (US$18,9 duizend). Het bruto binnenlands product per hoofd in Frans-Polynesië was in 3,7 keer hoger dan het bruto binnenlands product per hoofd van de bevolking in de wereld ($5.020,1), en was 20,0% hoger dan het bruto binnenlands product per hoofd van de bevolking in Oceanië ($5.020,1).

De groei van het BBP in Frans-Polynesië bedroeg 1.9% in de jaren 1990, stond op de 140e plaats in de wereld, en was vergelijkbaar met Polynesië (1,9%), Kiribati (1,9%). De groei van het bruto binnenlands product in Frans-Polynesië (1,9%) was minder dan de groei van het BBP in de wereld (2,8%), was minder dan de groei van het bruto binnenlands product in Oceanië (3,3%).

Vergelijking met buren. Het bruto binnenlands product van Frans-Polynesië was groter dan in de Cook Eilanden (US$96,6 miljoen) en in Kiribati (US$56,2 miljoen). Het bruto binnenlands product per hoofd in Frans-Polynesië was groter dan in de Cook Eilanden (US$5,2 duizend) en in Kiribati (US$726,0). De groei van het bruto binnenlands product in Frans-Polynesië was groter dan in Kiribati (1,9%); maar minder dan in de Cook Eilanden (2,3%).

Vergelijking met leiders. Het bruto binnenlands product van Frans-Polynesië was minder dan in de Verenigde Staten (US$7,6 biljoen), in Japan (US$4,3 biljoen), in Duitsland (US$2,2 biljoen), in Frankrijk (US$1,4 biljoen) en in het Verenigd Koninkrijk (US$1,3 biljoen). Het BBP per hoofd in Frans-Polynesië was minder dan in Japan (US$34,3 duizend), in de Verenigde Staten (US$28,7 duizend), in Duitsland (US$27,0 duizend), in Frankrijk (US$24,1 duizend) en in het Verenigd Koninkrijk (US$22,9 duizend). De groei van het bruto binnenlands product in Frans-Polynesië was groter dan in Japan (1,5%); maar minder dan in de Verenigde Staten (3,2%), in het Verenigd Koninkrijk (2,3%), in Duitsland (2,2%) en in Frankrijk (2,0%).

de jaren 2000

Het bruto binnenlands product van Frans-Polynesië bedroeg in de jaren 2000 US$5,4 miljard per jaar, stond op de 140e plaats in de wereld. Het aandeel in de wereld was 0,012%, en 0,65% in Oceanië.

Het BBP van Frans-Polynesië bestond uit: huishoudelijke uitgaven (61,3%), overheidsuitgaven (31,5%) en kapitaalvorming (23,3%).

Het bruto binnenlands product per hoofd in Frans-Polynesië was $21.025,0 in de jaren 2000s, stond op de 45e plaats in de wereld, en was vergelijkbaar met Europa (US$21,1 duizend), de Turks- en Caicoseilanden (US$20,8 duizend), Griekenland (US$21,4 duizend). Het BBP per hoofd in Frans-Polynesië was in 2,9 keer hoger dan het bruto binnenlands product per hoofd van de bevolking in de wereld ($7.176,3), en was 15,8% lager dan het bruto binnenlands product per hoofd van de bevolking in Oceanië ($7.176,3).

De groei van het bruto binnenlands product in Frans-Polynesië bedroeg 1.4% in de jaren 2000, stond op de 180e plaats in de wereld, en was vergelijkbaar met de Centraal-Afrikaanse Republiek (1,4%), San Marino (1,4%), Brunei (1,4%). De groei van het BBP in Frans-Polynesië (1,4%) was minder dan de groei van het bruto binnenlands product in de wereld (3,0%), was minder dan de groei van het BBP in Oceanië (3,0%).

Vergelijking met buren. Het BBP van Frans-Polynesië was groter dan in de Cook Eilanden (US$176,0 miljoen) en in Kiribati (US$103,9 miljoen). Het BBP per hoofd in Frans-Polynesië was groter dan in de Cook Eilanden (US$9,4 duizend) en in Kiribati (US$1.129,3). De groei van het BBP in Frans-Polynesië was minder dan in de Cook Eilanden (3,1%) en in Kiribati (1,5%).

Vergelijking met leiders. Het BBP van Frans-Polynesië was minder dan in de Verenigde Staten (US$12,6 biljoen), in Japan (US$4,7 biljoen), in Duitsland (US$2,8 biljoen), in China (US$2,6 biljoen) en in het Verenigd Koninkrijk (US$2,3 biljoen). Het BBP per hoofd in Frans-Polynesië was groter dan in China (US$1.954,1); maar minder dan in de Verenigde Staten (US$42,8 duizend), in het Verenigd Koninkrijk (US$38,4 duizend), in Japan (US$36,4 duizend) en in Duitsland (US$34,0 duizend). De groei van het BBP in Frans-Polynesië was groter dan in Duitsland (0,73%) en in Japan (0,50%); maar minder dan in China (10,3%), in de Verenigde Staten (1,9%) en in het Verenigd Koninkrijk (1,7%).

de jaren 2010

Het BBP van Frans-Polynesië bedroeg in de jaren 2010 US$5,9 miljard per jaar, stond op de 158e plaats in de wereld. Het aandeel in de wereld was 0,0076%, en 0,36% in Oceanië.

Het bruto binnenlands product van Frans-Polynesië bestond uit: huishoudelijke uitgaven (66,1%), overheidsuitgaven (31,9%) en kapitaalvorming (19,4%).

Het BBP per hoofd in Frans-Polynesië was $21.613,2 in de jaren 2010s, stond op de 52e plaats in de wereld, en was vergelijkbaar met Anguilla (US$21,6 duizend), Griekenland (US$21,5 duizend), Portugal (US$21,7 duizend). Het BBP per hoofd in Frans-Polynesië was in 2,0 keer hoger dan het bruto binnenlands product per hoofd van de bevolking in de wereld ($10.603,1), en was 48,8% lager dan het bruto binnenlands product per hoofd van de bevolking in Oceanië ($10.603,1).

De groei van het BBP in Frans-Polynesië bedroeg 0.6% in de jaren 2010, stond op de 187e plaats in de wereld. De groei van het bruto binnenlands product in Frans-Polynesië (0,58%) was minder dan de groei van het BBP in de wereld (3,1%), was minder dan de groei van het bruto binnenlands product in Oceanië (2,5%).

Vergelijking met buren. Het BBP van Frans-Polynesië was 18,9 keer groter dan in de Cook Eilanden (US$312,0 miljoen) en 32,3 keer groter dan in Kiribati (US$182,2 miljoen). Het bruto binnenlands product per hoofd in Frans-Polynesië was 23,2% groter dan in de Cook Eilanden (US$17,5 duizend) en 13,1 keer groter dan in Kiribati (US$1.652,3). De groei van het BBP in Frans-Polynesië was minder dan in de Cook Eilanden (3,2%) en in Kiribati (2,9%).

Vergelijking met leiders. Het bruto binnenlands product van Frans-Polynesië was 3.048,6 keer minder dan in de Verenigde Staten (US$18,0 biljoen), 1.783,2 keer minder dan in China (US$10,5 biljoen), 887,4 keer minder dan in Japan (US$5,2 biljoen), 621,5 keer minder dan in Duitsland (US$3,7 biljoen) en 469,6 keer minder dan in het Verenigd Koninkrijk (US$2,8 biljoen). Het bruto binnenlands product per hoofd in Frans-Polynesië was 2,9 keer groter dan in China (US$7,5 duizend); maar 2,6 keer minder dan in de Verenigde Staten (US$56,2 duizend), 2,1 keer minder dan in Duitsland (US$44,7 duizend), 48,8% minder dan in het Verenigd Koninkrijk (US$42,2 duizend) en 47,1% minder dan in Japan (US$40,9 duizend). De groei van het BBP in Frans-Polynesië was minder dan in China (7,7%), in de Verenigde Staten (2,3%), in Duitsland (1,9%), in het Verenigd Koninkrijk (1,8%) en in Japan (1,3%).

Hoofdstuk II. Toegevoegde waarde

De toegevoegde waarde van Frans-Polynesië steeg van US$619,8 miljoen per jaar in de jaren 1970 tot US$5,3 miljard per jaar in de jaren 2010, dat wil zeggen met US$4,7 miljard of 8,6 keer. De verandering vond plaats op US$3,5 miljard als gevolg van een 3,0-voudige stijging van de prijzen, en ook op US$465,4 miljoen als gevolg van een 1,4-voudige toename van de productiviteit , evenals op US$687,3 miljoen als gevolg van de toename van de bevolking. De gemiddelde jaarlijkse groei van de toegevoegde waarde is 2,9%. De minimumwaarde van de toegevoegde waarde bedroeg US$239,9 miljoen in 1970. De maximumwaarde van de toegevoegde waarde bedroeg US$6,4 miljard in 2008.

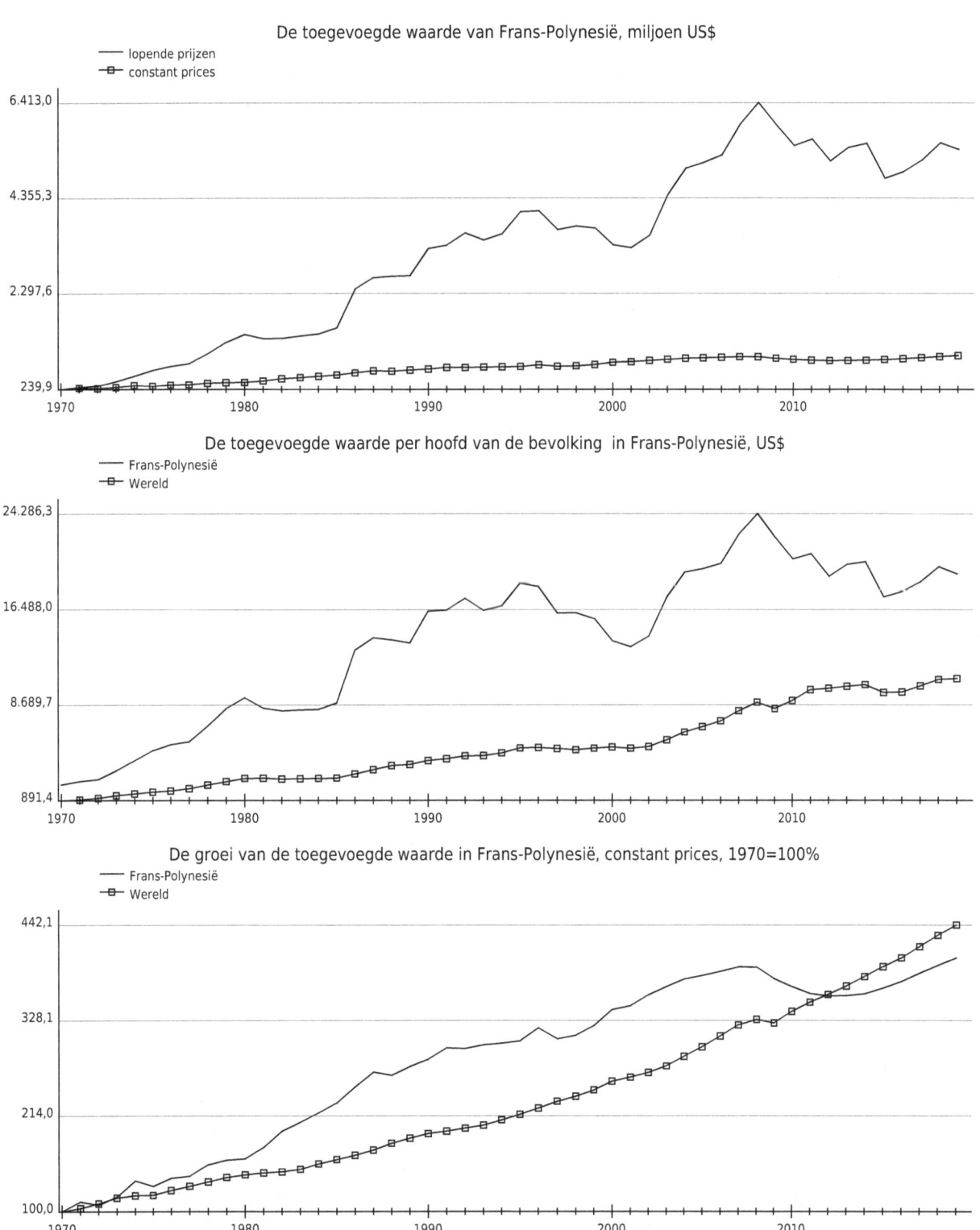

De toegevoegde waarde van Frans-Polynesië, miljoen US$

De toegevoegde waarde per hoofd van de bevolking in Frans-Polynesië, US$

De groei van de toegevoegde waarde in Frans-Polynesië, constant prices, 1970=100%

de jaren 1970

De toegevoegde waarde van Frans-Polynesië bedroeg in de jaren 1970 US$619,8 miljoen per jaar, stond op de 127e plaats in de wereld, en was vergelijkbaar met Guyana (US$629,0 miljoen). Het aandeel in de wereld was 0,0098%, en 0,57% in Oceanië.

De totale toegevoegde waarde van Frans-Polynesië bestond uit: diensten (53,9%), handel (14,6%), vervoer (9,3%), industrie (7,9%), bouw (7,9%) en landbouw (6,3%).

De toegevoegde waarde per hoofd in Frans-Polynesië was $4.795,1 in de jaren 1970s, stond op de 31e plaats in de wereld, en was vergelijkbaar met Bahrein (US$4,9 duizend), Japan (US$4,9 duizend), Finland (US$4,9 duizend). De toegevoegde waarde per hoofd in Frans-Polynesië was in 3,1 keer hoger dan de toegevoegde waarde per hoofd van de bevolking in de wereld ($1.564,4), en was 5,5% lager dan de toegevoegde waarde per hoofd van de bevolking in Oceanië ($1.564,4).

De groei van de toegevoegde waarde in Frans-Polynesië bedroeg 5.5% in de jaren 1970, stond op de 66e plaats in de wereld, en was vergelijkbaar met Cuba (5,4%), IJsland (5,4%), Panama (5,5%). De groei van de toegevoegde waarde in Frans-Polynesië (5,5%) was groter dan de groei van de toegevoegde waarde in de wereld (3,9%), was groter dan de groei van de toegevoegde waarde in Oceanië (3,2%).

Vergelijking met buren. De toegevoegde waarde van Frans-Polynesië was groter dan in Kiribati (US$45,4 miljoen) en in de Cook Eilanden (US$16,3 miljoen). De toegevoegde waarde per hoofd in Frans-Polynesië was groter dan in Kiribati (US$828,0) en in de Cook Eilanden (US$813,1). De groei van de toegevoegde waarde in Frans-Polynesië was groter dan in Kiribati (4,3%) en in de Cook Eilanden (-2,7%).

Vergelijking met leiders. De toegevoegde waarde van Frans-Polynesië was minder dan in de Verenigde Staten (US$1,7 biljoen), in de Sovjet-Unie (US$649,4 miljard), in Japan (US$545,3 miljard), in Duitsland (US$444,9 miljard) en in Frankrijk (US$297,3 miljard). De toegevoegde waarde per hoofd in Frans-Polynesië was groter dan in de Sovjet-Unie (US$2,6 duizend); maar minder dan in de Verenigde Staten (US$7,8 duizend), in Duitsland (US$5,7 duizend), in Frankrijk (US$5,5 duizend) en in Japan (US$4,9 duizend). De groei van de toegevoegde waarde in Frans-Polynesië was groter dan in Japan (4,9%), in de Sovjet-Unie (4,8%), in Frankrijk (3,7%), in Duitsland (3,1%) en in de Verenigde Staten (2,9%).

de jaren 1980

De toegevoegde waarde van Frans-Polynesië bedroeg in de jaren 1980 US$1,9 miljard per jaar, stond op de 119e plaats in de wereld. Het aandeel in de wereld was 0,013%, en 0,78% in Oceanië.

De totale toegevoegde waarde van Frans-Polynesië bestond uit: diensten (54,2%), handel (14,7%), vervoer (9,3%), industrie (9,2%), constructie (7,4%) en landbouw (5,0%).

De toegevoegde waarde per hoofd in Frans-Polynesië was $10.812,8 in de jaren 1980s, stond op de 29e plaats in de wereld, en was vergelijkbaar met België (US$10,9 duizend), Oostenrijk (US$10,7 duizend), Bahrein (US$10,7 duizend). De toegevoegde waarde per hoofd in Frans-Polynesië was in 3,6 keer hoger dan de toegevoegde waarde per hoofd van de bevolking in de wereld ($3.029,9), en was 10,4% hoger dan de toegevoegde waarde per hoofd van de bevolking in Oceanië ($3.029,9).

De groei van de toegevoegde waarde in Frans-Polynesië bedroeg 5.4% in de jaren 1980, stond op de 30e plaats in de wereld, en was vergelijkbaar met de Marshalleilanden (5,3%). De groei van de toegevoegde waarde in Frans-Polynesië (5,4%) was groter dan de groei van de toegevoegde waarde in de wereld (2,9%), was groter dan de groei van de toegevoegde waarde in Oceanië (3,4%).

Vergelijking met buren. De toegevoegde waarde van Frans-Polynesië was groter dan in Kiribati (US$33,1 miljoen) en in de Cook Eilanden (US$31,9 miljoen). De toegevoegde waarde per hoofd in Frans-Polynesië was groter dan in de Cook Eilanden (US$1.815,8) en in Kiribati (US$515,9). De groei van de toegevoegde waarde in Frans-Polynesië was groter dan in de Cook Eilanden (1,8%) en in Kiribati (-6,0%).

Vergelijking met leiders. De toegevoegde waarde van Frans-Polynesië was minder dan in de Verenigde Staten (US$4,2 biljoen), in Japan (US$1,8 biljoen), in Duitsland (US$907,0 miljard), in de Sovjet-Unie (US$887,0 miljard) en in Frankrijk (US$650,9 miljard). De toegevoegde waarde per hoofd in Frans-Polynesië was groter dan in de Sovjet-Unie (US$3,2 duizend); maar minder dan in de Verenigde Staten (US$17,4 duizend), in Japan (US$14,8 duizend), in Duitsland (US$11,6 duizend) en in Frankrijk (US$11,5 duizend). De groei van de toegevoegde waarde in Frans-Polynesië was groter dan in de Sovjet-Unie (4,3%), in Japan (4,2%), in de Verenigde Staten (2,8%), in Frankrijk (2,2%) en in Duitsland (2,0%).

de jaren 1990

De toegevoegde waarde van Frans-Polynesië bedroeg in de jaren 1990 US$3,7 miljard per jaar, stond op de 122e plaats in de wereld, en was vergelijkbaar met Madagaskar (US$3,6 miljard), Nicaragua (US$3,7 miljard), Mozambique (US$3,6 miljard). Het aandeel in de wereld was 0,013%, en 0,89% in Oceanië.

De totale toegevoegde waarde van Frans-Polynesië bestond uit: diensten (56,2%), handel (15,3%), vervoer (9,7%), industrie (9,4%), landbouw (5,0%) en bouw (4,5%).

De toegevoegde waarde per hoofd in Frans-Polynesië was $16.841,4 in de jaren 1990s, stond op de 33e plaats in de wereld, en was vergelijkbaar met Aruba (US$16,8 duizend), Qatar (US$16,9 duizend), Ierland (US$17,1 duizend). De toegevoegde waarde per hoofd in Frans-Polynesië was in 3,5 keer hoger dan de toegevoegde waarde per hoofd van de bevolking in de wereld ($4.799,9), en was 18,3% hoger dan de toegevoegde waarde per hoofd van de bevolking in Oceanië ($4.799,9).

De groei van de toegevoegde waarde in Frans-Polynesië bedroeg 1.7% in de jaren 1990, stond op de 145e plaats in de wereld. De groei van de toegevoegde waarde in Frans-Polynesië (1,7%) was minder dan de groei van de toegevoegde waarde in de wereld (2,7%), was minder dan de groei van de toegevoegde waarde in Oceanië (3,3%).

Vergelijking met buren. De toegevoegde waarde van Frans-Polynesië was groter dan in de Cook Eilanden (US$83,7 miljoen) en in Kiribati (US$53,2 miljoen). De toegevoegde waarde per hoofd in Frans-Polynesië was groter dan in de Cook Eilanden (US$4,5 duizend) en in Kiribati (US$687,0). De groei van de toegevoegde waarde in Frans-Polynesië was minder dan in de Cook Eilanden (3,7%) en in Kiribati (2,9%).

Vergelijking met leiders. De toegevoegde waarde van Frans-Polynesië was minder dan in de Verenigde Staten (US$7,6 biljoen), in Japan (US$4,3 biljoen), in Duitsland (US$2,0 biljoen), in Frankrijk (US$1,3 biljoen) en in het Verenigd Koninkrijk (US$1,2 biljoen). De toegevoegde waarde per hoofd in Frans-Polynesië was minder dan in Japan (US$34,2 duizend), in de Verenigde Staten (US$28,6 duizend), in Duitsland (US$24,5 duizend), in Frankrijk (US$21,6 duizend) en in het Verenigd Koninkrijk (US$21,4 duizend). De groei van de toegevoegde waarde in Frans-Polynesië was minder dan in de Verenigde Staten (2,8%), in het Verenigd Koninkrijk (2,4%), in Duitsland (2,1%), in Frankrijk (1,8%) en in Japan (1,8%).

de jaren 2000

De toegevoegde waarde van Frans-Polynesië bedroeg in de jaren 2000 US$4,8 miljard per jaar, stond op de 142e plaats in de wereld, en was vergelijkbaar met Guinee (US$4,8 miljard), Bermuda (US$4,9 miljard). Het aandeel in de wereld was 0,011%, en 0,63% in Oceanië.

De totale toegevoegde waarde van Frans-Polynesië bestond uit: diensten (58,2%), handel (15,5%), transport (9,9%), industrie (8,1%), constructie (4,8%) en landbouw (3,4%).

De toegevoegde waarde per hoofd in Frans-Polynesië was $18.908,6 in de jaren 2000s, stond op de 46e plaats in de wereld, en was vergelijkbaar met Europa (US$18,9 duizend), Griekenland (US$19,1 duizend), Amerika (US$18,6 duizend). De toegevoegde waarde per hoofd in Frans-Polynesië was in 2,8 keer hoger dan de toegevoegde waarde per hoofd van de bevolking in de wereld ($6.818,0), en was 18,1% lager dan de toegevoegde waarde per hoofd van de bevolking in Oceanië ($6.818,0).

De groei van de toegevoegde waarde in Frans-Polynesië bedroeg 1.6% in de jaren 2000, stond op de 175e plaats in de wereld, en was vergelijkbaar met Noorwegen (1,6%). De groei van de toegevoegde waarde in Frans-Polynesië (1,6%) was minder dan de groei van de toegevoegde waarde in de wereld (2,9%), was minder dan de groei van de toegevoegde waarde in Oceanië (3,0%).

Vergelijking met buren. De toegevoegde waarde van Frans-Polynesië was groter dan in de Cook Eilanden (US$154,7 miljoen) en in Kiribati (US$99,2 miljoen). De toegevoegde waarde per hoofd in Frans-Polynesië was groter dan in de Cook Eilanden (US$8,3 duizend) en in Kiribati (US$1.078,2). De groei van de toegevoegde waarde in Frans-Polynesië was minder dan in de Cook Eilanden (4,0%) en in Kiribati (1,7%).

Vergelijking met leiders. De toegevoegde waarde van Frans-Polynesië was minder dan in de Verenigde Staten (US$12,6 biljoen), in Japan (US$4,7 biljoen), in China (US$2,6 biljoen), in Duitsland (US$2,5 biljoen) en in het Verenigd Koninkrijk (US$2,1 biljoen). De toegevoegde waarde per hoofd in Frans-Polynesië was groter dan in China (US$1.954,1); maar minder dan in de Verenigde Staten (US$42,8 duizend), in Japan (US$36,4 duizend), in het Verenigd Koninkrijk (US$34,6 duizend) en in Duitsland (US$30,7 duizend). De groei van de toegevoegde waarde in Frans-Polynesië was groter dan in Duitsland (0,65%) en in Japan (0,27%); maar minder dan in

China (10,2%), in de Verenigde Staten (1,7%) en in het Verenigd Koninkrijk (1,7%).

de jaren 2010

De toegevoegde waarde van Frans-Polynesië bedroeg in de jaren 2010 US$5,3 miljard per jaar, stond op de 158e plaats in de wereld. Het aandeel in de wereld was 0,0072%, en 0,34% in Oceanië.

De totale toegevoegde waarde van Frans-Polynesië bestond uit: diensten (59,9%), handel (13,4%), transport (11,4%), industrie (8,3%), constructie (3,7%) en landbouw (3,3%).

De toegevoegde waarde per hoofd in Frans-Polynesië was $19.483,7 in de jaren 2010s, stond op de 50e plaats in de wereld. De toegevoegde waarde per hoofd in Frans-Polynesië was 93,0% hoger dan de toegevoegde waarde per hoofd van de bevolking in de wereld ($10.094,6), en was in 2,0 keer lager dan de toegevoegde waarde per hoofd van de bevolking in Oceanië ($10.094,6).

De groei van de toegevoegde waarde in Frans-Polynesië bedroeg 0.6% in de jaren 2010, stond op de 186e plaats in de wereld. De groei van de toegevoegde waarde in Frans-Polynesië (0,65%) was minder dan de groei van de toegevoegde waarde in de wereld (3,1%), was minder dan de groei van de toegevoegde waarde in Oceanië (2,5%).

Vergelijking met buren. De toegevoegde waarde van Frans-Polynesië was 19,1 keer groter dan in de Cook Eilanden (US$278,7 miljoen) en 28,6 keer groter dan in Kiribati (US$186,0 miljoen). De toegevoegde waarde per hoofd in Frans-Polynesië was 24,3% groter dan in de Cook Eilanden (US$15,7 duizend) en 11,5 keer groter dan in Kiribati (US$1.686,9). De groei van de toegevoegde waarde in Frans-Polynesië was minder dan in Kiribati (3,3%) en in de Cook Eilanden (2,9%).

Vergelijking met leiders. De toegevoegde waarde van Frans-Polynesië was 3.381,9 keer minder dan in de Verenigde Staten (US$18,0 biljoen), 1.978,1 keer minder dan in China (US$10,5 biljoen), 979,4 keer minder dan in Japan (US$5,2 biljoen), 621,8 keer minder dan in Duitsland (US$3,3 biljoen) en 465,1 keer minder dan in het Verenigd Koninkrijk (US$2,5 biljoen). De toegevoegde waarde per hoofd in Frans-Polynesië was 2,6 keer groter dan in China (US$7,5 duizend); maar 2,9 keer minder dan in de Verenigde Staten (US$56,2 duizend), 2,1 keer minder dan in Japan (US$40,7 duizend), 2,1 keer minder dan in Duitsland (US$40,3 duizend) en 48,3% minder dan in het Verenigd Koninkrijk (US$37,7 duizend). De groei van de toegevoegde waarde in Frans-Polynesië was minder dan in China (7,7%), in de Verenigde Staten (2,2%), in Duitsland (1,9%), in het Verenigd Koninkrijk (1,8%) en in Japan (1,3%).

Hoofdstuk III. Bruto nationaal inkomen

Het bruto nationaal inkomen van Frans-Polynesië steeg van US$678,9 miljoen per jaar in de jaren 1970 tot US$5,9 miljard per jaar in de jaren 2010, dat wil zeggen met US$5,2 miljard of 8,7 keer. De verandering vond plaats op US$3,9 miljard als gevolg van een 3,0-voudige stijging van de prijzen, en ook op US$513,6 miljoen als gevolg van een 1,4-voudige toename van de productiviteit , evenals op US$752,9 miljoen als gevolg van de toename van de bevolking. De gemiddelde jaarlijkse groei van het bruto nationaal inkomen is 2,9%. De minimumwaarde van het bruto nationaal inkomen bedroeg US$262,8 miljoen in 1970. De maximumwaarde van het BNI bedroeg US$7,1 miljard in 2008.

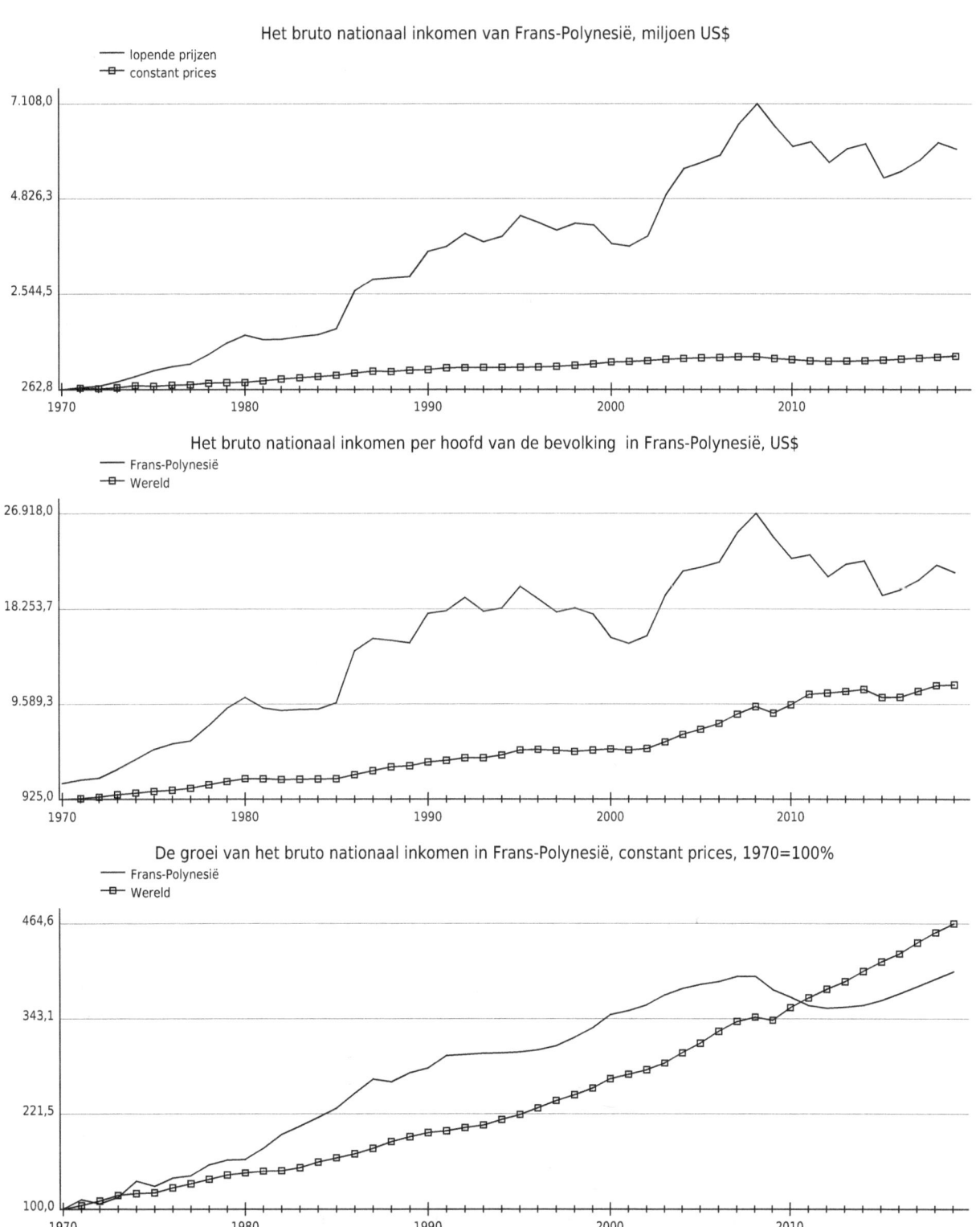

Het bruto nationaal inkomen van Frans-Polynesië, miljoen US$

Het bruto nationaal inkomen per hoofd van de bevolking in Frans-Polynesië, US$

De groei van het bruto nationaal inkomen in Frans-Polynesië, constant prices, 1970=100%

de jaren 1970

Het bruto nationaal inkomen van Frans-Polynesië bedroeg in de jaren 1970 US$678,9 miljoen per jaar, stond op de 124e plaats in de wereld, en was vergelijkbaar met Cambodja (US$677,2 miljoen), Nieuw-Caledonië (US$685,9 miljoen), Palestina (US$687,2 miljoen). Het aandeel in de wereld was 0,010%, en 0,60% in Oceanië.

Het bruto nationaal inkomen per hoofd in Frans-Polynesië was $5.252,7 in de jaren 1970s, stond op de 29e plaats in de wereld, en was vergelijkbaar met Oceanië (US$5,3 duizend), Noord-Europa (US$5,3 duizend), Oostenrijk (US$5,2 duizend). Het BNI per hoofd in Frans-Polynesië was in 3,2 keer hoger dan het bruto nationaal inkomen per hoofd van de bevolking in de wereld ($1.624,3), en was 1,5% lager dan het bruto nationaal inkomen per hoofd van de bevolking in Oceanië ($1.624,3).

De groei van het bruto nationaal inkomen in Frans-Polynesië bedroeg 5.6% in de jaren 1970, stond op de 64e plaats in de wereld, en was vergelijkbaar met Israël (5,6%), Honduras (5,6%), Fiji (5,6%). De groei van het bruto nationaal inkomen in Frans-Polynesië (5,6%) was groter dan de groei van het BNI in de wereld (4,1%), was groter dan de groei van het bruto nationaal inkomen in Oceanië (2,8%).

Vergelijking met buren. Het bruto nationaal inkomen van Frans-Polynesië was groter dan in Kiribati (US$54,9 miljoen) en in de Cook Eilanden (US$16,7 miljoen). Het BNI per hoofd in Frans-Polynesië was groter dan in Kiribati (US$1.002,2) en in de Cook Eilanden (US$830,7). De groei van het bruto nationaal inkomen in Frans-Polynesië was groter dan in Kiribati (3,3%) en in de Cook Eilanden (0,32%).

Vergelijking met leiders. Het BNI van Frans-Polynesië was minder dan in de Verenigde Staten (US$1,7 biljoen), in de Sovjet-Unie (US$649,4 miljard), in Japan (US$558,5 miljard), in Duitsland (US$486,2 miljard) en in Frankrijk (US$334,3 miljard). Het BNI per hoofd in Frans-Polynesië was groter dan in Japan (US$5,0 duizend) en in de Sovjet-Unie (US$2,6 duizend); maar minder dan in de Verenigde Staten (US$7,8 duizend), in Frankrijk (US$6,2 duizend) en in Duitsland (US$6,2 duizend). De groei van het bruto nationaal inkomen in Frans-Polynesië was groter dan in de Sovjet-Unie (4,8%), in Japan (4,7%), in Frankrijk (3,9%), in de Verenigde Staten (3,5%) en in Duitsland (3,0%).

de jaren 1980

Het BNI van Frans-Polynesië bedroeg in de jaren 1980 US$2,1 miljard per jaar, stond op de 116e plaats in de wereld, en was vergelijkbaar met Congo-Brazzaville (US$2,1 miljard), Malawi (US$2,1 miljard). Het aandeel in de wereld was 0,014%, en 0,82% in Oceanië.

Het BNI per hoofd in Frans-Polynesië was $11.857,4 in de jaren 1980s, stond op de 28e plaats in de wereld, en was vergelijkbaar met België (US$11,9 duizend), Oostenrijk (US$12,1 duizend). Het bruto nationaal inkomen per hoofd in Frans-Polynesië was in 3,8 keer hoger dan het bruto nationaal inkomen per hoofd van de bevolking in de wereld ($3.117,1), en was 17,0% hoger dan het bruto nationaal inkomen per hoofd van de bevolking in Oceanië ($3.117,1).

De groei van het BNI in Frans-Polynesië bedroeg 5.3% in de jaren 1980, stond op de 33e plaats in de wereld, en was vergelijkbaar met Congo-Brazzaville (5,3%), de Marshalleilanden (5,3%). De groei van het bruto nationaal inkomen in Frans-Polynesië (5,3%) was groter dan de groei van het BNI in de wereld (3,0%), was groter dan de groei van het bruto nationaal inkomen in Oceanië (2,9%).

Vergelijking met buren. Het BNI van Frans-Polynesië was groter dan in de Cook Eilanden (US$39,3 miljoen) en in Kiribati (US$38,1 miljoen). Het BNI per hoofd in Frans-Polynesië was groter dan in de Cook Eilanden (US$2,2 duizend) en in Kiribati (US$593,6). De groei van het BNI in Frans-Polynesië was groter dan in de Cook Eilanden (3,6%) en in Kiribati (-5,5%).

Vergelijking met leiders. Het BNI van Frans-Polynesië was minder dan in de Verenigde Staten (US$4,2 biljoen), in Japan (US$1,8 biljoen), in Duitsland (US$996,5 miljard), in de Sovjet-Unie (US$887,0 miljard) en in Frankrijk (US$732,1 miljard). Het BNI per hoofd in Frans-Polynesië was groter dan in de Sovjet-Unie (US$3,2 duizend); maar minder dan in de Verenigde Staten (US$17,4 duizend), in Japan (US$15,0 duizend), in Frankrijk (US$13,0 duizend) en in Duitsland (US$12,8 duizend). De groei van het bruto nationaal inkomen in Frans-Polynesië was groter dan in Japan (4,4%), in de Sovjet-Unie (4,3%), in de Verenigde Staten (3,1%), in Frankrijk (2,3%) en in Duitsland (2,0%).

de jaren 1990

Het bruto nationaal inkomen van Frans-Polynesië bedroeg in de jaren 1990 US$4,0 miljard per jaar, stond op de 122e plaats in de wereld, en was vergelijkbaar met Bosnië en Herzegovina (US$4,1 miljard). Het aandeel in de wereld was 0,014%, en 0,93% in Oceanië.

Het bruto nationaal inkomen per hoofd in Frans-Polynesië was $18.501,7 in de jaren 1990s, stond op de 31e plaats in de wereld. Het BNI per hoofd in Frans-Polynesië was in 3,7 keer hoger dan het bruto nationaal inkomen per hoofd van de bevolking in de wereld ($4.991,4), en was 24,4% hoger dan het bruto nationaal inkomen per hoofd van de bevolking in Oceanië ($4.991,4).

De groei van het bruto nationaal inkomen in Frans-Polynesië bedroeg 1.9% in de jaren 1990, stond op de 137e plaats in de wereld, en was vergelijkbaar met Tonga (1,9%). De groei van het BNI in Frans-Polynesië (1,9%) was minder dan de groei van het BNI in de wereld (2,8%), was minder dan de groei van het BNI in Oceanië (3,3%).

Vergelijking met buren. Het BNI van Frans-Polynesië was groter dan in de Cook Eilanden (US$96,6 miljoen) en in Kiribati (US$65,7 miljoen). Het BNI per hoofd in Frans-Polynesië was groter dan in de Cook Eilanden (US$5,2 duizend) en in Kiribati (US$848,7). De groei van het BNI in Frans-Polynesië was minder dan in Kiribati (3,8%) en in de Cook Eilanden (2,3%).

Vergelijking met leiders. Het BNI van Frans-Polynesië was minder dan in de Verenigde Staten (US$7,5 biljoen), in Japan (US$4,4 biljoen), in Duitsland (US$2,2 biljoen), in Frankrijk (US$1,4 biljoen) en in het Verenigd Koninkrijk (US$1,3 biljoen). Het BNI per hoofd in Frans-Polynesië was minder dan in Japan (US$34,7 duizend), in de Verenigde Staten (US$28,5 duizend), in Duitsland (US$27,0 duizend), in Frankrijk (US$24,3 duizend) en in het Verenigd Koninkrijk (US$23,0 duizend). De groei van het BNI in Frans-Polynesië was groter dan in Japan (1,5%); maar minder dan in de Verenigde Staten (3,4%), in Frankrijk (2,2%), in het Verenigd Koninkrijk (2,0%) en in Duitsland (2,0%).

de jaren 2000

Het bruto nationaal inkomen van Frans-Polynesië bedroeg in de jaren 2000 US$5,4 miljard per jaar, stond op de 139e plaats in de wereld, en was vergelijkbaar met Bermuda (US$5,4 miljard), Tsjaad (US$5,3 miljard). Het aandeel in de wereld was 0,012%, en 0,67% in Oceanië.

Het bruto nationaal inkomen per hoofd in Frans-Polynesië was $21.025,0 in de jaren 2000s, stond op de 45e plaats in de wereld, en was vergelijkbaar met Europa (US$21,1 duizend), Griekenland (US$21,2 duizend). Het BNI per hoofd in Frans-Polynesië was in 2,9 keer hoger dan het bruto nationaal inkomen per hoofd van de bevolking in de wereld ($7.165,2), en was 12,5% lager dan het bruto nationaal inkomen per hoofd van de bevolking in Oceanië ($7.165,2).

De groei van het BNI in Frans-Polynesië bedroeg 1.4% in de jaren 2000, stond op de 180e plaats in de wereld, en was vergelijkbaar met Brunei (1,4%), Zuid-Europa (1,4%). De groei van het bruto nationaal inkomen in Frans-Polynesië (1,4%) was minder dan de groei van het bruto nationaal inkomen in de wereld (3,0%), was minder dan de groei van het bruto nationaal inkomen in Oceanië (2,9%).

Vergelijking met buren. Het BNI van Frans-Polynesië was groter dan in de Cook Eilanden (US$176,0 miljoen) en in Kiribati (US$137,9 miljoen). Het BNI per hoofd in Frans-Polynesië was groter dan in de Cook Eilanden (US$9,4 duizend) en in Kiribati (US$1.499,3). De groei van het bruto nationaal inkomen in Frans-Polynesië was minder dan in de Cook Eilanden (3,1%) en in Kiribati (1,9%).

Vergelijking met leiders. Het BNI van Frans-Polynesië was minder dan in de Verenigde Staten (US$12,7 biljoen), in Japan (US$4,8 biljoen), in Duitsland (US$2,8 biljoen), in China (US$2,6 biljoen) en in het Verenigd Koninkrijk (US$2,3 biljoen). Het BNI per hoofd in Frans-Polynesië was groter dan in China (US$1.950,5); maar minder dan in de Verenigde Staten (US$43,2 duizend), in het Verenigd Koninkrijk (US$38,5 duizend), in Japan (US$37,1 duizend) en in Duitsland (US$34,2 duizend). De groei van het bruto nationaal inkomen in Frans-Polynesië was groter dan in Duitsland (1,0%) en in Japan (0,62%); maar minder dan in China (10,4%), in de Verenigde Staten (1,8%) en in het Verenigd Koninkrijk (1,7%).

de jaren 2010

Het bruto nationaal inkomen van Frans-Polynesië bedroeg in de jaren 2010 US$5,9 miljard per jaar, stond op de 157e plaats in de wereld. Het aandeel in de wereld was 0,0076%, en 0,37% in Oceanië.

Het BNI per hoofd in Frans-Polynesië was $21.613,2 in de jaren 2010s, stond op de 49e plaats in de wereld, en was vergelijkbaar met Anguilla (US$21,5 duizend), Griekenland (US$21,4 duizend), Portugal (US$21,3 duizend). Het BNI per hoofd in Frans-Polynesië was in 2,0 keer hoger dan het bruto nationaal inkomen per hoofd van de bevolking in de wereld ($10.611,7), en was 47,4% lager dan het bruto nationaal inkomen per hoofd van de bevolking in Oceanië ($10.611,7).

De groei van het bruto nationaal inkomen in Frans-Polynesië bedroeg 0.6% in de jaren 2010, stond op de 186e plaats in de wereld. De groei van het BNI in Frans-Polynesië (0,58%) was minder dan de groei van het bruto nationaal inkomen in de wereld (3,1%), was minder dan de groei van het bruto nationaal inkomen in Oceanië (2,7%).

Vergelijking met buren. Het bruto nationaal inkomen van Frans-Polynesië was 18,4 keer groter dan in Kiribati (US$320,2 miljoen) en 18,9 keer groter dan in de Cook Eilanden (US$312,0 miljoen). Het bruto nationaal inkomen per hoofd in Frans-Polynesië was 23,2% groter dan in de Cook Eilanden (US$17,5 duizend) en 7,4 keer groter dan in Kiribati (US$2,9 duizend). De groei van het bruto nationaal inkomen in Frans-Polynesië was minder dan in Kiribati (6,6%) en in de Cook Eilanden (3,2%).

Vergelijking met leiders. Het BNI van Frans-Polynesië was 3.107,2 keer minder dan in de Verenigde Staten (US$18,3 biljoen), 1.776,7 keer minder dan in China (US$10,5 biljoen), 916,4 keer minder dan in Japan (US$5,4 biljoen), 636,3 keer minder dan in Duitsland (US$3,7 biljoen) en 466,1 keer minder dan in Frankrijk (US$2,7 biljoen). Het bruto nationaal inkomen per hoofd in Frans-Polynesië was 2,9 keer groter dan in China (US$7,5 duizend); maar 2,7 keer minder dan in de Verenigde Staten (US$57,3 duizend), 2,1 keer minder dan in Duitsland (US$45,8 duizend), 48,8% minder dan in Japan (US$42,2 duizend) en 47,8% minder dan in Frankrijk (US$41,4 duizend). De groei van het bruto nationaal inkomen in Frans-Polynesië was minder dan in China (7,7%), in de Verenigde Staten (2,5%), in Duitsland (2,0%), in Japan (1,4%) en in Frankrijk (1,4%).

Part II. Structuur

	de jaren 2010
landbouw	3,3%
industrie	8,3%
constructie	3,7%
handel	13,4%
vervoer	11,4%
diensten	59,9%

Hoofdstuk IV. Landbouw

Landbouw, jacht, bosbouw, vissen (ISIC A-B)

De landbouw van Frans-Polynesië steeg van US$39,1 miljoen per jaar in de jaren 1970 tot US$174,6 miljoen per jaar in de jaren 2010, dat wil zeggen met US$135,5 miljoen of 4,5 keer. De verandering vond plaats op US$119,2 miljoen als gevolg van een 3,2-voudige stijging van de prijzen, en ook op -US$27,0 miljoen als gevolg van een 1,5-voudige afname van de productiviteit , evenals op US$43,3 miljoen als gevolg van de toename van de bevolking. De gemiddelde jaarlijkse groei van de landbouw is 0,55%. De minimumwaarde van de landbouw bedroeg US$17,7 miljoen in 1971. De maximumwaarde van de landbouw bedroeg US$222,7 miljoen in 1996.

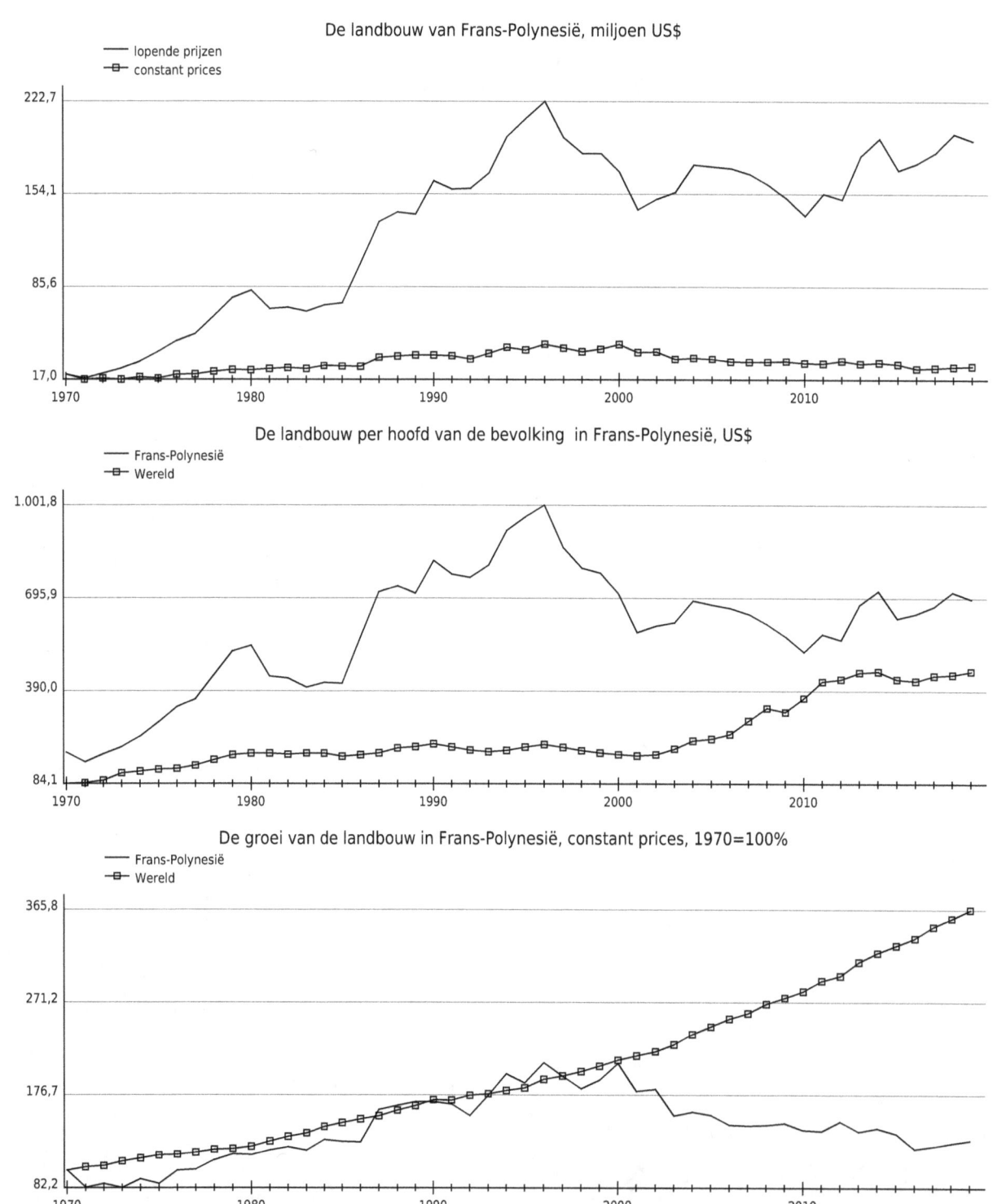

De landbouw van Frans-Polynesië, miljoen US$

De landbouw per hoofd van de bevolking in Frans-Polynesië, US$

De groei van de landbouw in Frans-Polynesië, constant prices, 1970=100%

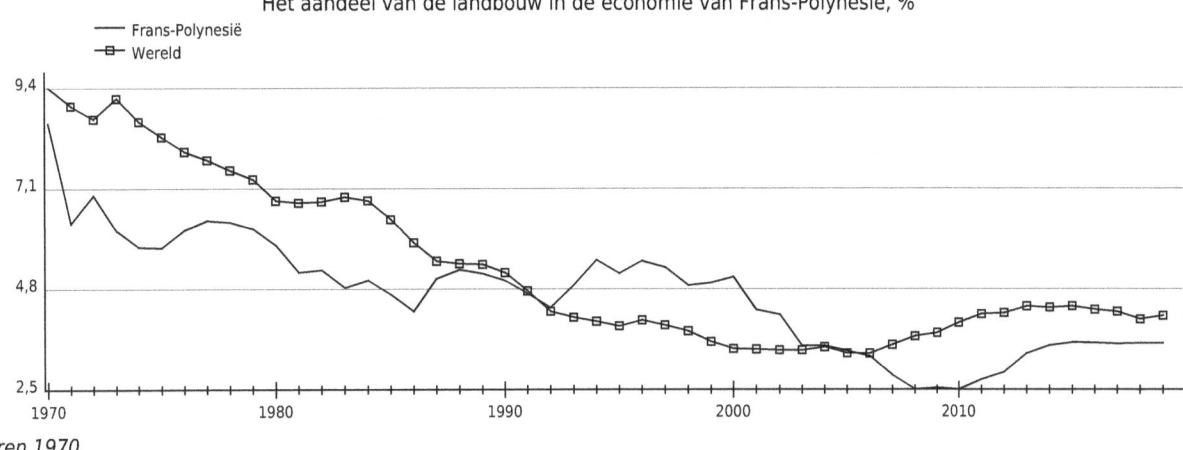

Het aandeel van de landbouw in de economie van Frans-Polynesië, %

de jaren 1970

De landbouw van Frans-Polynesië bedroeg in de jaren 1970 US$39,1 miljoen per jaar, stond op de 137e plaats in de wereld, en was vergelijkbaar met Groenland (US$39,3 miljoen). Het aandeel in de wereld was 0,0076%, en 0,48% in Oceanië.

Het aandeel van de landbouw in de economie van Frans-Polynesië was 6,3% in de jaren 1970, stond op de 137e plaats in de wereld.

De sector van de landbouw per hoofd in Frans-Polynesië was $302,1 in de jaren 1970s, stond op de 18e plaats in de wereld, en was vergelijkbaar met Canada (US$303,2), Oost-Europa (US$306,3). De waarde van de landbouw per hoofd in Frans-Polynesië was in 2,4 keer hoger dan de landbouw per hoofd van de bevolking in de wereld ($127,6), en was 20,0% lager dan de landbouw per hoofd van de bevolking in Oceanië ($127,6).

De groei van de landbouw in Frans-Polynesië bedroeg 1.7% in de jaren 1970, stond op de 117e plaats in de wereld, en was vergelijkbaar met Irak (1,7%). De groei van de landbouw in Frans-Polynesië (1,7%) was minder dan de groei van de landbouw in de wereld (2,2%), was minder dan de groei van de landbouw in Oceanië (2,4%).

Vergelijking met buren. De landbouw van Frans-Polynesië was groter dan in Kiribati (US$7,0 miljoen) en in de Cook Eilanden (US$3,2 miljoen). De waarde van de landbouw per hoofd in Frans-Polynesië was groter dan in de Cook Eilanden (US$157,2) en in Kiribati (US$128,7). De groei van de landbouw in Frans-Polynesië was groter dan in de Cook Eilanden (-7,2%); maar minder dan in Kiribati (8,8%).

Vergelijking met leiders. De toegevoegde waarde van de landbouw in Frans-Polynesië was minder dan in de Sovjet-Unie (US$88,7 miljard), in China (US$49,5 miljard), in de Verenigde Staten (US$42,6 miljard), in India (US$36,0 miljard) en in Japan (US$25,8 miljard). De toegevoegde waarde van de landbouw per hoofd in Frans-Polynesië was groter dan in Japan (US$231,3), in de Verenigde Staten (US$195,0), in India (US$58,3) en in China (US$54,2); maar minder dan in de Sovjet-Unie (US$351,8). De groei van de landbouw in Frans-Polynesië was groter dan in Japan (0,52%), in de Verenigde Staten (0,34%) en in India (0,30%); maar minder dan in de Sovjet-Unie (7,0%) en in China (2,4%).

de jaren 1980

De sector van de landbouw in Frans-Polynesië bedroeg in de jaren 1980 US$95,2 miljoen per jaar, stond op de 137e plaats in de wereld, en was vergelijkbaar met Mongolië (US$94,7 miljoen). Het aandeel in de wereld was 0,011%, en 0,70% in Oceanië.

Het aandeel van de landbouw in de economie van Frans-Polynesië was 5,0% in de jaren 1980, stond op de 138e plaats in de wereld.

De toegevoegde waarde van de landbouw per hoofd in Frans-Polynesië was $545,1 in de jaren 1980s, stond op de 13e plaats in de wereld, en was vergelijkbaar met Oceanië (US$545,9). De waarde van de landbouw per hoofd in Frans-Polynesië was in 2,9 keer hoger dan de landbouw per hoofd van de bevolking in de wereld ($186,6), en was 0,15% lager dan de landbouw per hoofd van de bevolking in Oceanië ($186,6).

De groei van de landbouw in Frans-Polynesië bedroeg 3.8% in de jaren 1980, stond op de 41e plaats in de wereld, en was vergelijkbaar met Tanzania (3,8%), Liechtenstein (3,8%). De groei van de landbouw in Frans-Polynesië (3,8%) was groter dan de groei van de landbouw in de wereld (3,1%), was groter dan de groei van de landbouw in Oceanië (2,0%).

Vergelijking met buren. De sector van de landbouw in Frans-Polynesië was groter dan in Kiribati (US$14,7 miljoen) en in de Cook

Eilanden (US$2,0 miljoen). De waarde van de landbouw per hoofd in Frans-Polynesië was groter dan in Kiribati (US$229,4) en in de Cook Eilanden (US$114,2). De groei van de landbouw in Frans-Polynesië was groter dan in Kiribati (0,88%) en in de Cook Eilanden (-5,8%).

Vergelijking met leiders. De waarde van de landbouw in Frans-Polynesië was minder dan in de Sovjet-Unie (US$125,8 miljard), in China (US$94,9 miljard), in India (US$70,4 miljard), in de Verenigde Staten (US$68,7 miljard) en in Japan (US$49,7 miljard). De landbouw per hoofd in Frans-Polynesië was groter dan in de Sovjet-Unie (US$457,2), in Japan (US$410,0), in de Verenigde Staten (US$286,8), in India (US$90,7) en in China (US$88,5). De groei van de landbouw in Frans-Polynesië was groter dan in de Verenigde Staten (3,7%), in de Sovjet-Unie (2,8%) en in Japan (0,41%); maar minder dan in China (5,3%) en in India (4,4%).

de jaren 1990

De sector van de landbouw in Frans-Polynesië bedroeg in de jaren 1990 US$184,3 miljoen per jaar, stond op de 154e plaats in de wereld. Het aandeel in de wereld was 0,016%, en 1,0% in Oceanië.

Het aandeel van de landbouw in de economie van Frans-Polynesië was 5,0% in de jaren 1990, stond op de 153e plaats in de wereld, en was vergelijkbaar met Mexico (5,0%).

De waarde van de landbouw per hoofd in Frans-Polynesië was $849,1 in de jaren 1990s, stond op de 7e plaats in de wereld, en was vergelijkbaar met Zweden (US$845,9), Griekenland (US$833,2), Denemarken (US$828,4). De landbouw per hoofd in Frans-Polynesië was in 4,2 keer hoger dan de landbouw per hoofd van de bevolking in de wereld ($199,8), en was 39,5% hoger dan de landbouw per hoofd van de bevolking in Oceanië ($199,8).

De groei van de landbouw in Frans-Polynesië bedroeg 1.2% in de jaren 1990, stond op de 124e plaats in de wereld, en was vergelijkbaar met Lesotho (1,2%), Malta (1,2%). De groei van de landbouw in Frans-Polynesië (1,2%) was minder dan de groei van de landbouw in de wereld (2,2%), was minder dan de groei van de landbouw in Oceanië (3,7%).

Vergelijking met buren. De waarde van de landbouw in Frans-Polynesië was groter dan in Kiribati (US$13,5 miljoen) en in de Cook Eilanden (US$5,2 miljoen). De landbouw per hoofd in Frans-Polynesië was groter dan in de Cook Eilanden (US$278,7) en in Kiribati (US$174,5). De groei van de landbouw in Frans-Polynesië was groter dan in Kiribati (-1,1%); maar minder dan in de Cook Eilanden (6,7%).

Vergelijking met leiders. De sector van de landbouw in Frans-Polynesië was minder dan in China (US$139,0 miljard), in de Verenigde Staten (US$96,1 miljard), in India (US$91,4 miljard), in Japan (US$78,9 miljard) en in Brazilië (US$36,8 miljard). De landbouw per hoofd in Frans-Polynesië was groter dan in Japan (US$625,5), in de Verenigde Staten (US$363,4), in Brazilië (US$228,7), in China (US$112,7) en in India (US$95,6). De groei van de landbouw in Frans-Polynesië was groter dan in Japan (-1,8%); maar minder dan in China (4,3%), in Brazilië (3,0%), in India (2,8%) en in de Verenigde Staten (2,6%).

de jaren 2000

De waarde van de landbouw in Frans-Polynesië bedroeg in de jaren 2000 US$162,4 miljoen per jaar, stond op de 157e plaats in de wereld, en was vergelijkbaar met Bhutan (US$162,4 miljoen), Eritrea (US$159,0 miljoen). Het aandeel in de wereld was 0,010%, en 0,60% in Oceanië.

Het aandeel van de landbouw in de economie van Frans-Polynesië was 3,4% in de jaren 2000, stond op de 148e plaats in de wereld, en was vergelijkbaar met Mexico (3,4%), Zuidelijk Afrika (3,3%), Saoedi-Arabië (3,4%).

De sector van de landbouw per hoofd in Frans-Polynesië was $635,5 in de jaren 2000s, stond op de 14e plaats in de wereld, en was vergelijkbaar met Canada (US$634,5), Italië (US$638,1), Denemarken (US$626,1). De waarde van de landbouw per hoofd in Frans-Polynesië was in 2,6 keer hoger dan de landbouw per hoofd van de bevolking in de wereld ($240,3), en was 21,2% lager dan de landbouw per hoofd van de bevolking in Oceanië ($240,3).

De groei van de landbouw in Frans-Polynesië bedroeg -2.6% in de jaren 2000, stond op de 191e plaats in de wereld, en was vergelijkbaar met Polynesië (-2,6%), Irak (-2,6%). De groei van de landbouw in Frans-Polynesië (-2,6%) was minder dan de groei van de landbouw in de wereld (3,0%), was minder dan de groei van de landbouw in Oceanië (1,5%).

Vergelijking met buren. De toegevoegde waarde van de landbouw in Frans-Polynesië was groter dan in Kiribati (US$23,9 miljoen) en in de Cook Eilanden (US$6,9 miljoen). De waarde van de landbouw per hoofd in Frans-Polynesië was groter dan in de Cook Eilanden (US$372,7) en in Kiribati (US$260,2). De groei van de landbouw in Frans-Polynesië was groter dan in de Cook Eilanden (-4,2%); maar minder dan in Kiribati (0,84%).

Vergelijking met leiders. De waarde van de landbouw in Frans-Polynesië was minder dan in China (US$297,7 miljard), in India (US$147,6 miljard), in de Verenigde Staten (US$122,5 miljard), in Japan (US$57,1 miljard) en in Nigeria (US$47,6 miljard). De waarde van de landbouw per hoofd in Frans-Polynesië was groter dan in Japan (US$445,6), in de Verenigde Staten (US$416,9), in Nigeria (US$346,4), in China (US$224,5) en in India (US$129,7). De groei van de landbouw in Frans-Polynesië was minder dan in Nigeria (10,1%), in China (4,0%), in de Verenigde Staten (3,6%), in India (2,0%) en in Japan (-1,3%).

de jaren 2010

De landbouw van Frans-Polynesië bedroeg in de jaren 2010 US$174,6 miljoen per jaar, stond op de 169e plaats in de wereld, en was vergelijkbaar met Micronesië (US$178,6 miljoen). Het aandeel in de wereld was 0,0055%, en 0,36% in Oceanië.

Het aandeel van de landbouw in de economie van Frans-Polynesië was 3,3% in de jaren 2010, stond op de 142e plaats in de wereld, en was vergelijkbaar met de Cookeilanden (3,3%), de Caraïben (3,3%).

De landbouw per hoofd in Frans-Polynesië was $640,4 in de jaren 2010s, stond op de 26e plaats in de wereld, en was vergelijkbaar met Frankrijk (US$637,6), China (US$631,9), Ierland (US$630,0). De waarde van de landbouw per hoofd in Frans-Polynesië was 48,2% hoger dan de landbouw per hoofd van de bevolking in de wereld ($432,1), en was 48,4% lager dan de landbouw per hoofd van de bevolking in Oceanië ($432,1).

De groei van de landbouw in Frans-Polynesië bedroeg -1.2% in de jaren 2010, stond op de 183e plaats in de wereld. De groei van de landbouw in Frans-Polynesië (-1,2%) was minder dan de groei van de landbouw in de wereld (2,9%), was minder dan de groei van de landbouw in Oceanië (-0,30%).

Vergelijking met buren. De sector van de landbouw in Frans-Polynesië was 3,7 keer groter dan in Kiribati (US$47,2 miljoen) en 19,2 keer groter dan in de Cook Eilanden (US$9,1 miljoen). De toegevoegde waarde van de landbouw per hoofd in Frans-Polynesië was 25,1% groter dan in de Cook Eilanden (US$511,8) en 49,7% groter dan in Kiribati (US$427,8). De groei van de landbouw in Frans-Polynesië was minder dan in Kiribati (4,1%) en in de Cook Eilanden (-1,1%).

Vergelijking met leiders. De sector van de landbouw in Frans-Polynesië was 5.076,8 keer minder dan in China (US$886,2 miljard), 2.081,8 keer minder dan in India (US$363,4 miljard), 1.032,8 keer minder dan in de Verenigde Staten (US$180,3 miljard), 710,6 keer minder dan in Indonesië (US$124,1 miljard) en 548,6 keer minder dan in Nigeria (US$95,8 miljard). De waarde van de landbouw per hoofd in Frans-Polynesië was 1,3% groter dan in China (US$631,9), 13,5% groter dan in de Verenigde Staten (US$564,3), 19,8% groter dan in Nigeria (US$534,6), 32,4% groter dan in Indonesië (US$483,6) en 2,3 keer groter dan in India (US$279,1). De groei van de landbouw in Frans-Polynesië was minder dan in India (4,1%), in Indonesië (3,9%), in China (3,8%), in Nigeria (3,6%) en in de Verenigde Staten (2,0%).

Hoofdstuk V. Industrie

Mijnbouw, productie, nutsbedrijven (ISIC C-E)

De waarde van de industrie in Frans-Polynesië steeg van US$49,3 miljoen per jaar in de jaren 1970 tot US$438,8 miljoen per jaar in de jaren 2010, dat wil zeggen met US$389,6 miljoen of 8,9 keer. De verandering vond plaats op US$336,5 miljoen als gevolg van een 4,3-voudige stijging van de prijzen, en ook op -US$1,6 miljoen als gevolg van een 1,0-voudige afname van de productiviteit , evenals op US$54,6 miljoen als gevolg van de toename van de bevolking. De gemiddelde jaarlijkse groei van de industrie is 2,2%. De minimumwaarde van de industrie bedroeg US$19,0 miljoen in 1970. De maximumwaarde van de industrie bedroeg US$483,3 miljoen in 2008.

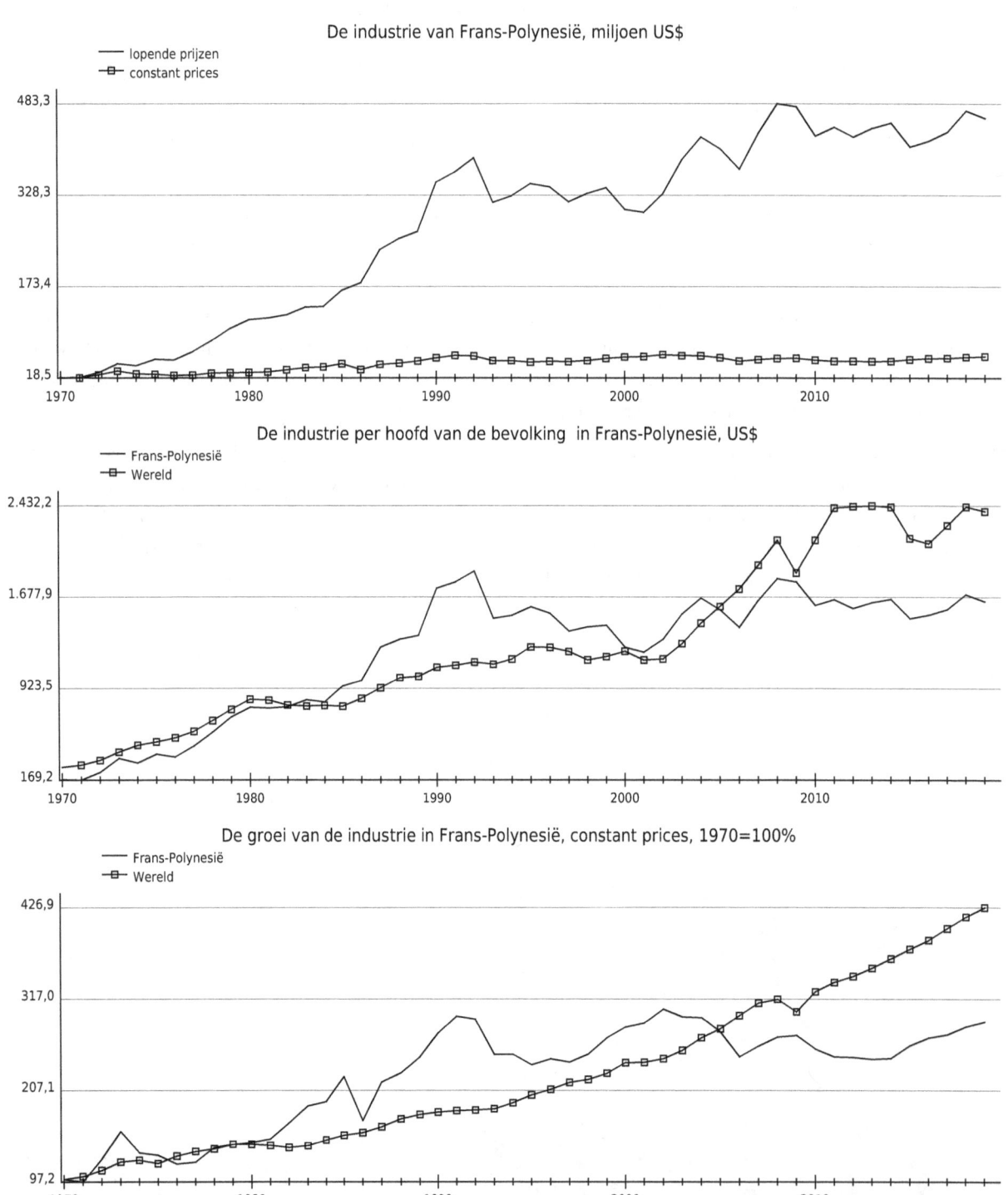

De industrie van Frans-Polynesië, miljoen US$

De industrie per hoofd van de bevolking in Frans-Polynesië, US$

De groei van de industrie in Frans-Polynesië, constant prices, 1970=100%

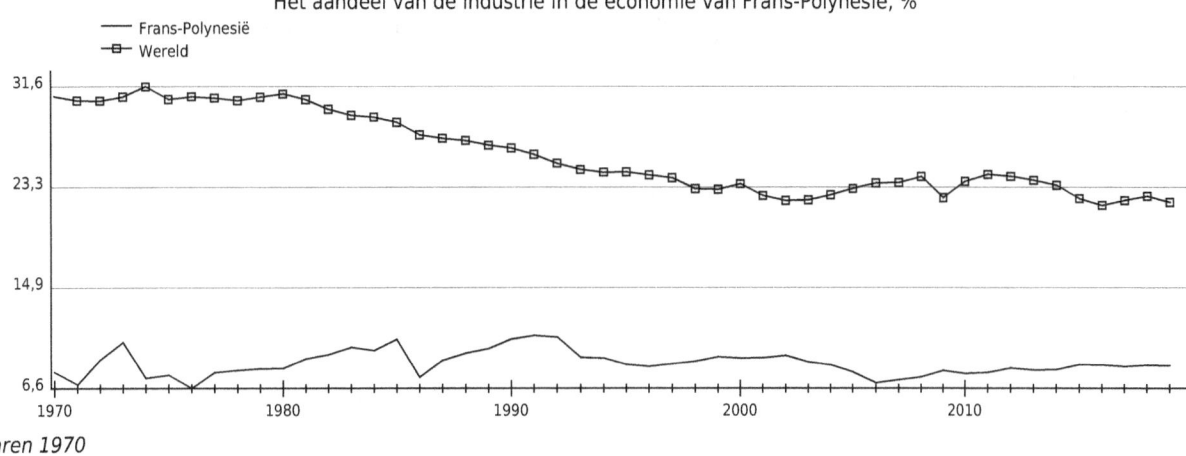

Het aandeel van de industrie in de economie van Frans-Polynesië, %

de jaren 1970

De sector van de industrie in Frans-Polynesië bedroeg in de jaren 1970 US$49,3 miljoen per jaar, stond op de 144e plaats in de wereld. Het aandeel in de wereld was 0,0025%, en 0,16% in Oceanië.

Het aandeel van de industrie in de economie van Frans-Polynesië was 7,9% in de jaren 1970, stond op de 158e plaats in de wereld, en was vergelijkbaar met Tonga (7,9%).

De waarde van de industrie per hoofd in Frans-Polynesië was $381,0 in de jaren 1970s, stond op de 64e plaats in de wereld, en was vergelijkbaar met Chili (US$377,9). De waarde van de industrie per hoofd in Frans-Polynesië was 20,7% lager dan de industrie per hoofd van de bevolking in de wereld ($480,5), en was in 3,7 keer lager dan de industrie per hoofd van de bevolking in Oceanië ($480,5).

De groei van de industrie in Frans-Polynesië bedroeg 4% in de jaren 1970, stond op de 106e plaats in de wereld, en was vergelijkbaar met Albanië (4,0%), de Wereld (4,0%). De groei van de industrie in Frans-Polynesië (4,0%) was groter dan de groei van de industrie in de wereld (4,0%), was groter dan de groei van de industrie in Oceanië (3,0%).

Vergelijking met buren. De waarde van de industrie in Frans-Polynesië was groter dan in Kiribati (US$24,2 miljoen) en in de Cook Eilanden (US$1,3 miljoen). De industrie per hoofd in Frans-Polynesië was groter dan in de Cook Eilanden (US$63,2); maar minder dan in Kiribati (US$441,6). De groei van de industrie in Frans-Polynesië was groter dan in de Cook Eilanden (-9,7%); maar minder dan in Kiribati (5,8%).

Vergelijking met leiders. De toegevoegde waarde van de industrie in Frans-Polynesië was minder dan in de Verenigde Staten (US$450,4 miljard), in de Sovjet-Unie (US$248,8 miljard), in Japan (US$185,6 miljard), in Duitsland (US$158,4 miljard) en in het Verenigd Koninkrijk (US$72,6 miljard). De industrie per hoofd in Frans-Polynesië was minder dan in de Verenigde Staten (US$2,1 duizend), in Duitsland (US$2,0 duizend), in Japan (US$1.666,5), in het Verenigd Koninkrijk (US$1.295,1) en in de Sovjet-Unie (US$986,6). De groei van de industrie in Frans-Polynesië was groter dan in de Verenigde Staten (2,4%), in Duitsland (2,1%) en in het Verenigd Koninkrijk (1,9%); maar minder dan in de Sovjet-Unie (5,2%) en in Japan (4,5%).

de jaren 1980

De toegevoegde waarde van de industrie in Frans-Polynesië bedroeg in de jaren 1980 US$174,5 miljoen per jaar, stond op de 136e plaats in de wereld. Het aandeel in de wereld was 0,0042%, en 0,27% in Oceanië.

Het aandeel van de industrie in de economie van Frans-Polynesië was 9,2% in de jaren 1980, stond op de 156e plaats in de wereld.

De toegevoegde waarde van de industrie per hoofd in Frans-Polynesië was $999,2 in de jaren 1980s, stond op de 50e plaats in de wereld. De waarde van de industrie per hoofd in Frans-Polynesië was 15,9% hoger dan de industrie per hoofd van de bevolking in de wereld ($861,8), en was in 2,6 keer lager dan de industrie per hoofd van de bevolking in Oceanië ($861,8).

De groei van de industrie in Frans-Polynesië bedroeg 5.7% in de jaren 1980, stond op de 44e plaats in de wereld, en was vergelijkbaar met Oost-Azië (5,7%). De groei van de industrie in Frans-Polynesië (5,7%) was groter dan de groei van de industrie in de wereld (2,3%), was groter dan de groei van de industrie in Oceanië (2,9%).

Vergelijking met buren. De industrie van Frans-Polynesië was groter dan in Kiribati (US$2,0 miljoen) en in de Cook Eilanden (US$1,9 miljoen). De industrie per hoofd in Frans-Polynesië was groter dan in de Cook Eilanden (US$106,5) en in Kiribati (US$30,8). De groei van de industrie in Frans-Polynesië was groter dan in de Cook Eilanden (-11,2%) en in Kiribati (-28,1%).

Vergelijking met leiders. De industrie van Frans-Polynesië was minder dan in de Verenigde Staten (US$1,0 biljoen), in Japan (US$566,4 miljard), in de Sovjet-Unie (US$305,7 miljard), in Duitsland (US$297,5 miljard) en in het Verenigd Koninkrijk (US$171,2 miljard). De industrie per hoofd in Frans-Polynesië was minder dan in Japan (US$4,7 duizend), in de Verenigde Staten (US$4,2 duizend), in Duitsland (US$3,8 duizend), in het Verenigd Koninkrijk (US$3,0 duizend) en in de Sovjet-Unie (US$1.110,8). De groei van de industrie in Frans-Polynesië was groter dan in de Sovjet-Unie (5,3%), in Japan (4,2%), in de Verenigde Staten (1,9%), in het Verenigd Koninkrijk (1,4%) en in Duitsland (1,2%).

de jaren 1990

De toegevoegde waarde van de industrie in Frans-Polynesië bedroeg in de jaren 1990 US$343,2 miljoen per jaar, stond op de 153e plaats in de wereld, en was vergelijkbaar met Togo (US$346,4 miljoen), Afghanistan (US$349,1 miljoen), Mali (US$350,0 miljoen). Het aandeel in de wereld was 0,0051%, en 0,39% in Oceanië.

Het aandeel van de industrie in de economie van Frans-Polynesië was 9,4% in de jaren 1990, stond op de 178e plaats in de wereld, en was vergelijkbaar met Djibouti (9,5%).

De sector van de industrie per hoofd in Frans-Polynesië was $1.580,9 in de jaren 1990s, stond op de 48e plaats in de wereld, en was vergelijkbaar met Cyprus (US$1.591,9), Macau (US$1.549,0). De toegevoegde waarde van de industrie per hoofd in Frans-Polynesië was 34,5% hoger dan de industrie per hoofd van de bevolking in de wereld ($1.175,6), en was 48,6% lager dan de industrie per hoofd van de bevolking in Oceanië ($1.175,6).

De groei van de industrie in Frans-Polynesië bedroeg 0.9% in de jaren 1990, stond op de 148e plaats in de wereld. De groei van de industrie in Frans-Polynesië (0,90%) was minder dan de groei van de industrie in de wereld (2,5%), was minder dan de groei van de industrie in Oceanië (2,3%).

Vergelijking met buren. De industrie van Frans-Polynesië was groter dan in de Cook Eilanden (US$4,7 miljoen) en in Kiribati (US$4,1 miljoen). De waarde van de industrie per hoofd in Frans-Polynesië was groter dan in de Cook Eilanden (US$253,6) en in Kiribati (US$52,4). De groei van de industrie in Frans-Polynesië was minder dan in de Cook Eilanden (5,4%) en in Kiribati (5,0%).

Vergelijking met leiders. De sector van de industrie in Frans-Polynesië was minder dan in de Verenigde Staten (US$1,5 biljoen), in Japan (US$1,2 biljoen), in Duitsland (US$534,0 miljard), in China (US$285,9 miljard) en in het Verenigd Koninkrijk (US$268,6 miljard). De waarde van de industrie per hoofd in Frans-Polynesië was groter dan in China (US$231,9); maar minder dan in Japan (US$9,4 duizend), in Duitsland (US$6,6 duizend), in de Verenigde Staten (US$5,7 duizend) en in het Verenigd Koninkrijk (US$4,6 duizend). De groei van de industrie in Frans-Polynesië was groter dan in Duitsland (0,33%); maar minder dan in China (13,1%), in de Verenigde Staten (2,8%), in Japan (1,3%) en in het Verenigd Koninkrijk (1,2%).

de jaren 2000

De industrie van Frans-Polynesië bedroeg in de jaren 2000 US$392,5 miljoen per jaar, stond op de 158e plaats in de wereld. Het aandeel in de wereld was 0,0038%, en 0,26% in Oceanië.

Het aandeel van de industrie in de economie van Frans-Polynesië was 8,1% in de jaren 2000, stond op de 184e plaats in de wereld, en was vergelijkbaar met Saint Lucia (8,1%), Djibouti (8,1%).

De waarde van de industrie per hoofd in Frans-Polynesië was $1.536,0 in de jaren 2000s, stond op de 66e plaats in de wereld, en was vergelijkbaar met Hongkong (US$1.529,3), de Wereld (US$1.573,8). De industrie per hoofd in Frans-Polynesië was 2,4% lager dan de industrie per hoofd van de bevolking in de wereld ($1.573,8), en was in 3,0 keer lager dan de industrie per hoofd van de bevolking in Oceanië ($1.573,8).

De groei van de industrie in Frans-Polynesië bedroeg 0.1% in de jaren 2000, stond op de 174e plaats in de wereld. De groei van de industrie in Frans-Polynesië (0,10%) was minder dan de groei van de industrie in de wereld (2,9%), was minder dan de groei van de industrie in Oceanië (1,8%).

Vergelijking met buren. De toegevoegde waarde van de industrie in Frans-Polynesië was groter dan in de Cook Eilanden (US$8,6 miljoen) en in Kiribati (US$6,1 miljoen). De toegevoegde waarde van de industrie per hoofd in Frans-Polynesië was groter dan in de Cook Eilanden (US$463,6) en in Kiribati (US$65,8). De groei van de industrie in Frans-Polynesië was minder dan in de Cook Eilanden

(3,4%) en in Kiribati (1,5%).

Vergelijking met leiders. De industrie van Frans-Polynesië was minder dan in de Verenigde Staten (US$2,1 biljoen), in Japan (US$1,1 biljoen), in China (US$1,1 biljoen), in Duitsland (US$629,4 miljard) en in het Verenigd Koninkrijk (US$345,1 miljard). De industrie per hoofd in Frans-Polynesië was groter dan in China (US$795,3); maar minder dan in Japan (US$8,8 duizend), in Duitsland (US$7,7 duizend), in de Verenigde Staten (US$7,1 duizend) en in het Verenigd Koninkrijk (US$5,7 duizend). De groei van de industrie in Frans-Polynesië was groter dan in het Verenigd Koninkrijk (-1,1%); maar minder dan in China (11,1%), in de Verenigde Staten (1,5%), in Duitsland (0,19%) en in Japan (0,15%).

de jaren 2010

De sector van de industrie in Frans-Polynesië bedroeg in de jaren 2010 US$438,8 miljoen per jaar, stond op de 165e plaats in de wereld, en was vergelijkbaar met de Centraal-Afrikaanse Republiek (US$434,5 miljoen). Het aandeel in de wereld was 0,0026%, en 0,16% in Oceanië.

Het aandeel van de industrie in de economie van Frans-Polynesië was 8,3% in de jaren 2010, stond op de 177e plaats in de wereld.

De waarde van de industrie per hoofd in Frans-Polynesië was $1.609,8 in de jaren 2010s, stond op de 85e plaats in de wereld, en was vergelijkbaar met Colombia (US$1.625,5), de Britse Maagdeneilanden (US$1.593,2), Brazilië (US$1.643,4). De toegevoegde waarde van de industrie per hoofd in Frans-Polynesië was 30,6% lager dan de industrie per hoofd van de bevolking in de wereld ($2.320,9), en was in 4,4 keer lager dan de industrie per hoofd van de bevolking in Oceanië ($2.320,9).

De groei van de industrie in Frans-Polynesië bedroeg 0.6% in de jaren 2010, stond op de 168e plaats in de wereld. De groei van de industrie in Frans-Polynesië (0,59%) was minder dan de groei van de industrie in de wereld (3,5%), was minder dan de groei van de industrie in Oceanië (2,6%).

Vergelijking met buren. De industrie van Frans-Polynesië was 32,4 keer groter dan in de Cook Eilanden (US$13,6 miljoen) en 41,4 keer groter dan in Kiribati (US$10,6 miljoen). De waarde van de industrie per hoofd in Frans-Polynesië was 2,1 keer groter dan in de Cook Eilanden (US$762,7) en 16,8 keer groter dan in Kiribati (US$96,1). De groei van de industrie in Frans-Polynesië was minder dan in de Cook Eilanden (2,0%) en in Kiribati (1,1%).

Vergelijking met leiders. De sector van de industrie in Frans-Polynesië was 8.393,0 keer minder dan in China (US$3,7 biljoen), 6.247,5 keer minder dan in de Verenigde Staten (US$2,7 biljoen), 2.712,6 keer minder dan in Japan (US$1,2 biljoen), 1.914,1 keer minder dan in Duitsland (US$840,0 miljard) en 1.010,3 keer minder dan in India (US$443,4 miljard). De waarde van de industrie per hoofd in Frans-Polynesië was 4,7 keer groter dan in India (US$340,6); maar 6,4 keer minder dan in Duitsland (US$10,3 duizend), 5,8 keer minder dan in Japan (US$9,3 duizend), 5,3 keer minder dan in de Verenigde Staten (US$8,6 duizend) en 38,7% minder dan in China (US$2,6 duizend). De groei van de industrie in Frans-Polynesië was minder dan in China (7,5%), in India (6,5%), in Duitsland (3,2%), in Japan (2,6%) en in de Verenigde Staten (2,2%).

Hoofdstuk 5.1. Fabricage

(ISIC D)

De fabricage van Frans-Polynesië steeg van US$41,4 miljoen per jaar in de jaren 1970 tot US$288,7 miljoen per jaar in de jaren 2010, dat wil zeggen met US$247,2 miljoen of 7,0 keer. De verandering vond plaats op US$225,6 miljoen als gevolg van een 4,6-voudige stijging van de prijzen, en ook op -US$24,3 miljoen als gevolg van een 1,4-voudige afname van de productiviteit , evenals op US$45,9 miljoen als gevolg van de toename van de bevolking. De gemiddelde jaarlijkse groei van de fabricage is 1,6%. De minimumwaarde van de fabricage bedroeg US$14,7 miljoen in 1970. De maximumwaarde van de fabricage bedroeg US$342,6 miljoen in 2008.

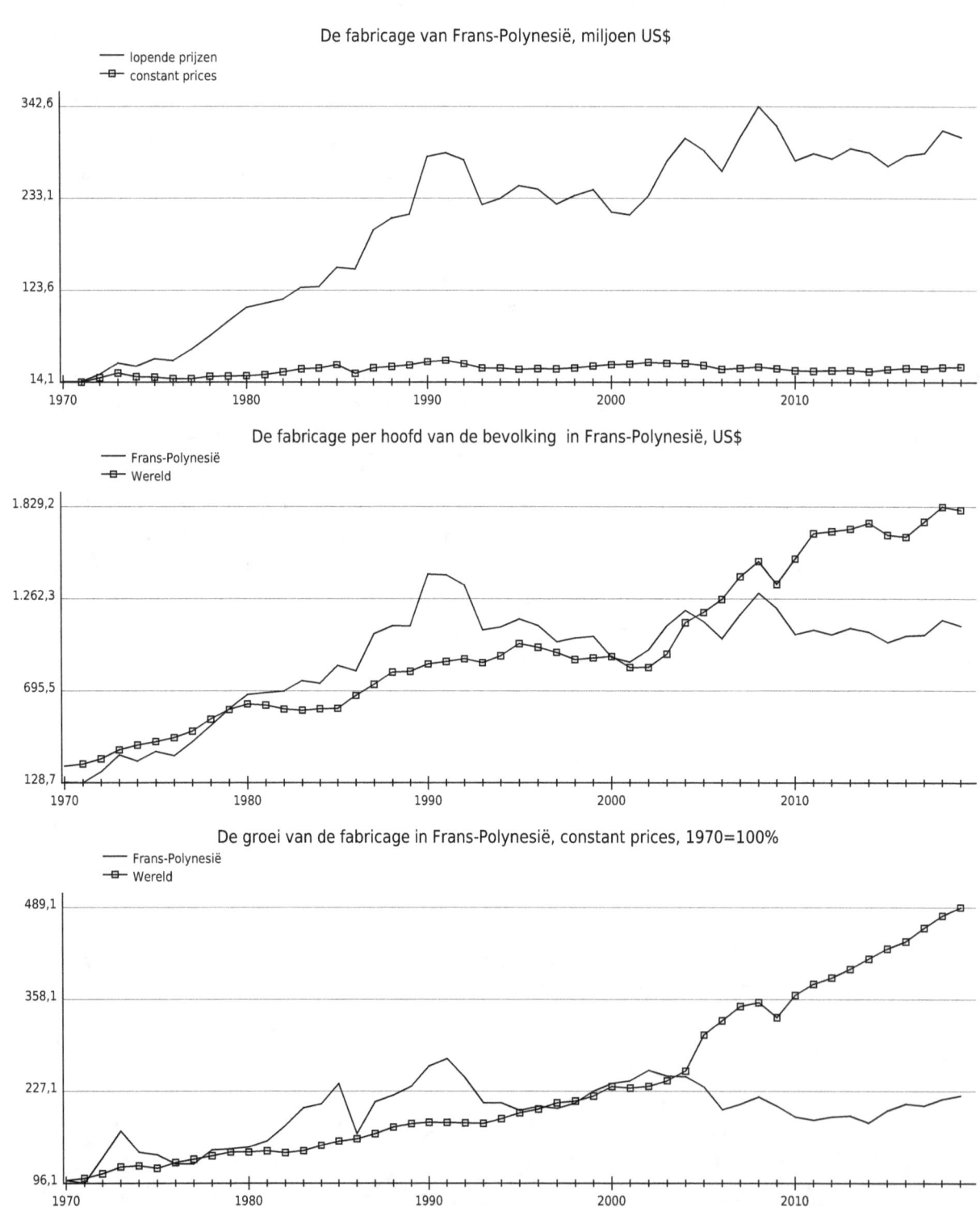

De fabricage van Frans-Polynesië, miljoen US$

De fabricage per hoofd van de bevolking in Frans-Polynesië, US$

De groei van de fabricage in Frans-Polynesië, constant prices, 1970=100%

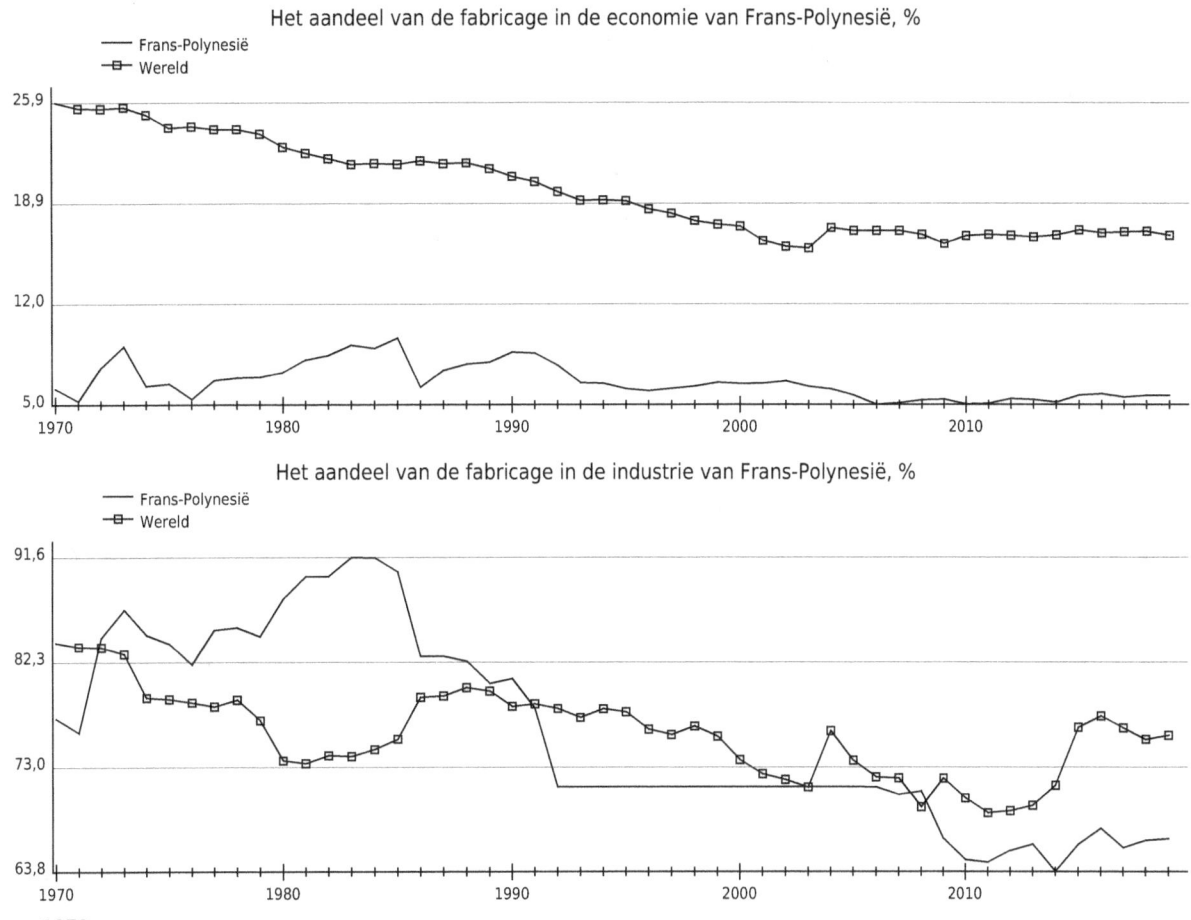

Het aandeel van de fabricage in de economie van Frans-Polynesië, %

Het aandeel van de fabricage in de industrie van Frans-Polynesië, %

de jaren 1970

De waarde van de fabricage in Frans-Polynesië bedroeg in de jaren 1970 US$41,4 miljoen per jaar, stond op de 137e plaats in de wereld. Het aandeel in de wereld was 0,0027%, en 0,19% in Oceanië.

Het aandeel van de fabricage in de economie van Frans-Polynesië was 6,7% in de jaren 1970, stond op de 142e plaats in de wereld, en was vergelijkbaar met Lesotho (6,6%).

De sector van de fabricage per hoofd in Frans-Polynesië was $320,4 in de jaren 1970s, stond op de 49e plaats in de wereld, en was vergelijkbaar met Andorra (US$316,6), Bulgarije (US$327,1). De waarde van de fabricage per hoofd in Frans-Polynesië was 16,4% lager dan de fabricage per hoofd van de bevolking in de wereld ($383,2), en was in 3,2 keer lager dan de fabricage per hoofd van de bevolking in Oceanië ($383,2).

De groei van de fabricage in Frans-Polynesië bedroeg 4.2% in de jaren 1970, stond op de 103e plaats in de wereld. De groei van de fabricage in Frans-Polynesië (4,2%) was groter dan de groei van de fabricage in de wereld (3,8%), was groter dan de groei van de fabricage in Oceanië (2,1%).

Vergelijking met buren. De fabricage van Frans-Polynesië was groter dan in Kiribati (US$1,2 miljoen) en in de Cook Eilanden (US$1,1 miljoen). De waarde van de fabricage per hoofd in Frans-Polynesië was groter dan in de Cook Eilanden (US$55,1) en in Kiribati (US$22,1). De groei van de fabricage in Frans-Polynesië was groter dan in de Cook Eilanden (-9,5%).

Vergelijking met leiders. De toegevoegde waarde van de fabricage in Frans-Polynesië was minder dan in de Verenigde Staten (US$378,0 miljard), in de Sovjet-Unie (US$248,8 miljard), in Japan (US$169,3 miljard), in Duitsland (US$138,0 miljard) en in Frankrijk (US$64,5 miljard). De toegevoegde waarde van de fabricage per hoofd in Frans-Polynesië was minder dan in Duitsland (US$1.752,1), in de Verenigde Staten (US$1.731,8), in Japan (US$1.520,6), in Frankrijk (US$1.203,0) en in de Sovjet-Unie (US$986,6). De groei van de fabricage in Frans-Polynesië was groter dan in Frankrijk (3,5%), in de Verenigde Staten (2,7%) en in Duitsland (2,1%); maar minder dan in de Sovjet-Unie (5,2%) en in Japan (4,5%).

de jaren 1980

De waarde van de fabricage in Frans-Polynesië bedroeg in de jaren 1980 US$149,8 miljoen per jaar, stond op de 127e plaats in de wereld, en was vergelijkbaar met Suriname (US$149,6 miljoen). Het aandeel in de wereld was 0,0047%, en 0,36% in Oceanië.

Het aandeel van de fabricage in de economie van Frans-Polynesië was 7,9% in de jaren 1980, stond op de 132e plaats in de wereld, en was vergelijkbaar met Guinee-Bissau (7,9%), Qatar (8,0%).

De sector van de fabricage per hoofd in Frans-Polynesië was $857,8 in de jaren 1980s, stond op de 42e plaats in de wereld, en was vergelijkbaar met Groenland (US$864,8). De waarde van de fabricage per hoofd in Frans-Polynesië was 29,7% hoger dan de fabricage per hoofd van de bevolking in de wereld ($661,2), en was 48,2% lager dan de fabricage per hoofd van de bevolking in Oceanië ($661,2).

De groei van de fabricage in Frans-Polynesië bedroeg 4.9% in de jaren 1980, stond op de 56e plaats in de wereld, en was vergelijkbaar met de Comoren (4,9%). De groei van de fabricage in Frans-Polynesië (4,9%) was groter dan de groei van de fabricage in de wereld (2,6%), was groter dan de groei van de fabricage in Oceanië (1,5%).

Vergelijking met buren. De fabricage van Frans-Polynesië was groter dan in de Cook Eilanden (US$1,5 miljoen) en in Kiribati (US$1,5 miljoen). De sector van de fabricage per hoofd in Frans-Polynesië was groter dan in de Cook Eilanden (US$84,4) en in Kiribati (US$22,7). De groei van de fabricage in Frans-Polynesië was groter dan in Kiribati (1,5%) en in de Cook Eilanden (-13,9%).

Vergelijking met leiders. De fabricage van Frans-Polynesië was minder dan in de Verenigde Staten (US$789,4 miljard), in Japan (US$501,0 miljard), in de Sovjet-Unie (US$305,7 miljard), in Duitsland (US$258,7 miljard) en in Italië (US$134,1 miljard). De fabricage per hoofd in Frans-Polynesië was minder dan in Japan (US$4,1 duizend), in Duitsland (US$3,3 duizend), in de Verenigde Staten (US$3,3 duizend), in Italië (US$2,4 duizend) en in de Sovjet-Unie (US$1.110,8). De groei van de fabricage in Frans-Polynesië was groter dan in Japan (4,4%), in Italië (2,5%), in de Verenigde Staten (1,9%) en in Duitsland (1,2%); maar minder dan in de Sovjet-Unie (5,3%).

de jaren 1990

De toegevoegde waarde van de fabricage in Frans-Polynesië bedroeg in de jaren 1990 US$250,6 miljoen per jaar, stond op de 144e plaats in de wereld. Het aandeel in de wereld was 0,0048%, en 0,44% in Oceanië.

Het aandeel van de fabricage in de economie van Frans-Polynesië was 6,9% in de jaren 1990, stond op de 164e plaats in de wereld, en was vergelijkbaar met Congo-Kinshasa (6,9%), Dominica (6,8%), Gambia (6,8%).

De sector van de fabricage per hoofd in Frans-Polynesië was $1.154,3 in de jaren 1990s, stond op de 45e plaats in de wereld, en was vergelijkbaar met Tsjechië (US$1.155,0). De sector van de fabricage per hoofd in Frans-Polynesië was 27,1% hoger dan de fabricage per hoofd van de bevolking in de wereld ($908,4), en was 41,9% lager dan de fabricage per hoofd van de bevolking in Oceanië ($908,4).

De groei van de fabricage in Frans-Polynesië bedroeg -0.3% in de jaren 1990, stond op de 155e plaats in de wereld. De groei van de fabricage in Frans-Polynesië (-0,30%) was minder dan de groei van de fabricage in de wereld (2,0%), was minder dan de groei van de fabricage in Oceanië (1,3%).

Vergelijking met buren. De waarde van de fabricage in Frans-Polynesië was groter dan in Kiribati (US$3,2 miljoen) en in de Cook Eilanden (US$2,4 miljoen). De sector van de fabricage per hoofd in Frans-Polynesië was groter dan in de Cook Eilanden (US$126,9) en in Kiribati (US$41,8). De groei van de fabricage in Frans-Polynesië was minder dan in Kiribati (4,8%) en in de Cook Eilanden (1,2%).

Vergelijking met leiders. De toegevoegde waarde van de fabricage in Frans-Polynesië was minder dan in de Verenigde Staten (US$1,2 biljoen), in Japan (US$1,0 biljoen), in Duitsland (US$468,8 miljard), in Italië (US$227,8 miljard) en in Frankrijk (US$215,0 miljard). De toegevoegde waarde van de fabricage per hoofd in Frans-Polynesië was minder dan in Japan (US$8,3 duizend), in Duitsland (US$5,8 duizend), in de Verenigde Staten (US$4,7 duizend), in Italië (US$4,0 duizend) en in Frankrijk (US$3,6 duizend). De groei van de fabricage in Frans-Polynesië was minder dan in de Verenigde Staten (3,2%), in Frankrijk (2,4%), in Italië (1,2%), in Japan (1,1%) en in Duitsland (0,26%).

de jaren 2000

De fabricage van Frans-Polynesië bedroeg in de jaren 2000 US$277,1 miljoen per jaar, stond op de 156e plaats in de wereld, en was vergelijkbaar met Barbados (US$280,8 miljoen), Rwanda (US$273,0 miljoen), Lesotho (US$283,3 miljoen). Het aandeel in de wereld was 0,0037%, en 0,34% in Oceanië.

Het aandeel van de fabricage in de economie van Frans-Polynesië was 5,7% in de jaren 2000, stond op de 171e plaats in de wereld, en was vergelijkbaar met Monaco (5,7%), Koeweit (5,8%).

De toegevoegde waarde van de fabricage per hoofd in Frans-Polynesië was $1.084,6 in de jaren 2000s, stond op de 58e plaats in de wereld, en was vergelijkbaar met Centraal-Amerika (US$1.092,6). De sector van de fabricage per hoofd in Frans-Polynesië was 4,7% lager dan de fabricage per hoofd van de bevolking in de wereld ($1.138,1), en was in 2,3 keer lager dan de fabricage per hoofd van de bevolking in Oceanië ($1.138,1).

De groei van de fabricage in Frans-Polynesië bedroeg -1% in de jaren 2000, stond op de 178e plaats in de wereld. De groei van de fabricage in Frans-Polynesië (-0,98%) was minder dan de groei van de fabricage in de wereld (4,2%), was minder dan de groei van de fabricage in Oceanië (0,79%).

Vergelijking met buren. De toegevoegde waarde van de fabricage in Frans-Polynesië was groter dan in de Cook Eilanden (US$5,2 miljoen) en in Kiribati (US$4,9 miljoen). De toegevoegde waarde van de fabricage per hoofd in Frans-Polynesië was groter dan in de Cook Eilanden (US$276,8) en in Kiribati (US$53,8). De groei van de fabricage in Frans-Polynesië was minder dan in de Cook Eilanden (3,2%) en in Kiribati (1,2%).

Vergelijking met leiders. De toegevoegde waarde van de fabricage in Frans-Polynesië was minder dan in de Verenigde Staten (US$1,6 biljoen), in China (US$1,1 biljoen), in Japan (US$992,9 miljard), in Duitsland (US$551,4 miljard) en in Italië (US$277,2 miljard). De toegevoegde waarde van de fabricage per hoofd in Frans-Polynesië was groter dan in China (US$815,3); maar minder dan in Japan (US$7,7 duizend), in Duitsland (US$6,8 duizend), in de Verenigde Staten (US$5,6 duizend) en in Italië (US$4,8 duizend). De groei van de fabricage in Frans-Polynesië was groter dan in Italië (-1,3%); maar minder dan in de Verenigde Staten (1,6%), in Japan (0,32%) en in Duitsland (0,097%).

de jaren 2010

De fabricage van Frans-Polynesië bedroeg in de jaren 2010 US$288,7 miljoen per jaar, stond op de 163e plaats in de wereld. Het aandeel in de wereld was 0,0023%, en 0,26% in Oceanië.

Het aandeel van de fabricage in de economie van Frans-Polynesië was 5,4% in de jaren 2010, stond op de 168e plaats in de wereld.

De sector van de fabricage per hoofd in Frans-Polynesië was $1.058,9 in de jaren 2010s, stond op de 77e plaats in de wereld, en was vergelijkbaar met Bulgarije (US$1.039,4), Cuba (US$1.083,9). De toegevoegde waarde van de fabricage per hoofd in Frans-Polynesië was 37,6% lager dan de fabricage per hoofd van de bevolking in de wereld ($1.697,4), en was in 2,7 keer lager dan de fabricage per hoofd van de bevolking in Oceanië ($1.697,4).

De groei van de fabricage in Frans-Polynesië bedroeg 0.7% in de jaren 2010, stond op de 165e plaats in de wereld. De groei van de fabricage in Frans-Polynesië (0,69%) was minder dan de groei van de fabricage in de wereld (3,9%), was groter dan de groei van de fabricage in Oceanië (-0,27%).

Vergelijking met buren. De waarde van de fabricage in Frans-Polynesië was 34,5 keer groter dan in Kiribati (US$8,4 miljoen) en 41,8 keer groter dan in de Cook Eilanden (US$6,9 miljoen). De fabricage per hoofd in Frans-Polynesië was 2,7 keer groter dan in de Cook Eilanden (US$388,5) en 13,9 keer groter dan in Kiribati (US$76,0). De groei van de fabricage in Frans-Polynesië was groter dan in Kiribati (0,55%); maar minder dan in de Cook Eilanden (1,9%).

Vergelijking met leiders. De sector van de fabricage in Frans-Polynesië was 10.792,0 keer minder dan in China (US$3,1 biljoen), 7.173,1 keer minder dan in de Verenigde Staten (US$2,1 biljoen), 3.672,3 keer minder dan in Japan (US$1,1 biljoen), 2.547,0 keer minder dan in Duitsland (US$735,2 miljard) en 1.352,9 keer minder dan in Zuid-Korea (US$390,5 miljard). De toegevoegde waarde van de fabricage per hoofd in Frans-Polynesië was 8,5 keer minder dan in Duitsland (US$9,0 duizend), 7,8 keer minder dan in Japan (US$8,3 duizend), 7,3 keer minder dan in Zuid-Korea (US$7,7 duizend), 6,1 keer minder dan in de Verenigde Staten (US$6,5 duizend) en 2,1 keer minder dan in China (US$2,2 duizend). De groei van de fabricage in Frans-Polynesië was minder dan in China (7,5%), in Zuid-Korea (3,8%), in Duitsland (3,5%), in Japan (3,0%) en in de Verenigde Staten (1,9%).

Hoofdstuk VI. Constructie

(ISIC F)

De toegevoegde waarde van de constructie in Frans-Polynesië steeg van US$48,8 miljoen per jaar in de jaren 1970 tot US$195,9 miljoen per jaar in de jaren 2010, dat wil zeggen met US$147,1 miljoen of 4,0 keer. De verandering vond plaats op US$146,8 miljoen als gevolg van een 4,0-voudige stijging van de prijzen, en ook op -US$53,9 miljoen als gevolg van een 2,1-voudige afname van de productiviteit , evenals op US$54,1 miljoen als gevolg van de toename van de bevolking. De gemiddelde jaarlijkse groei van de constructie is 1,2%. De minimumwaarde van de constructie bedroeg US$12,6 miljoen in 1970. De maximumwaarde van de constructie bedroeg US$327,8 miljoen in 2008.

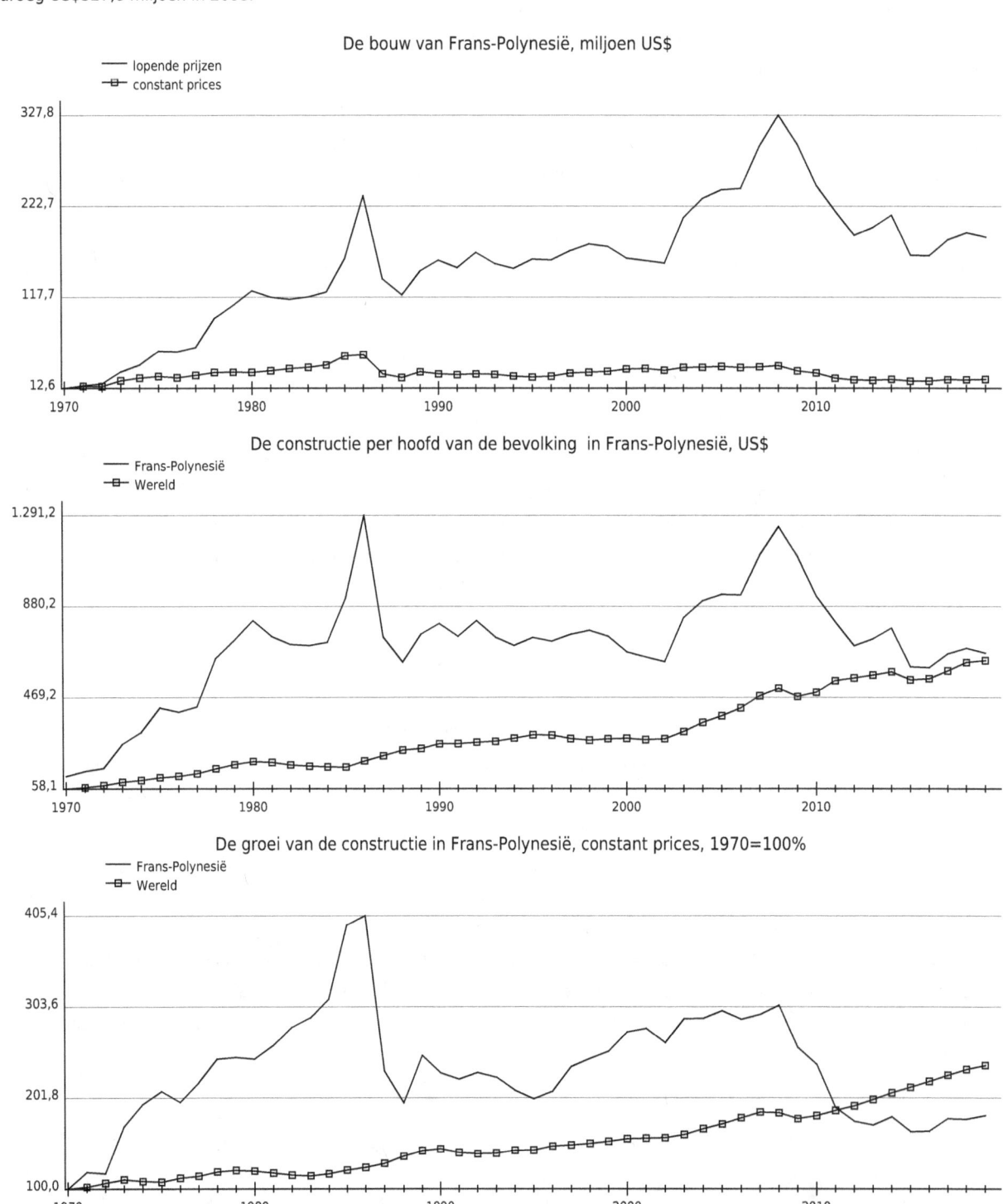

De bouw van Frans-Polynesië, miljoen US$

De constructie per hoofd van de bevolking in Frans-Polynesië, US$

De groei van de constructie in Frans-Polynesië, constant prices, 1970=100%

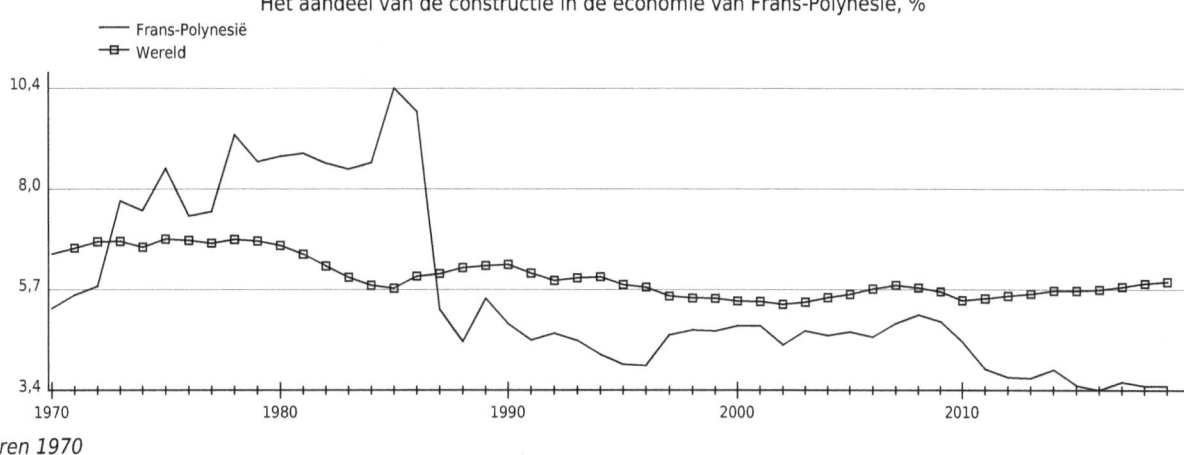

Het aandeel van de constructie in de economie van Frans-Polynesië, %

— Frans-Polynesië
-▫- Wereld

de jaren 1970

De bouw van Frans-Polynesië bedroeg in de jaren 1970 US$48,8 miljoen per jaar, stond op de 115e plaats in de wereld, en was vergelijkbaar met Palestina (US$49,1 miljoen). Het aandeel in de wereld was 0,011%, en 0,55% in Oceanië.

Het aandeel van de constructie in de economie van Frans-Polynesië was 7,9% in de jaren 1970, stond op de 51e plaats in de wereld, en was vergelijkbaar met Canada (7,9%), Italië (7,8%), Europa (7,9%).

De waarde van de constructie per hoofd in Frans-Polynesië was $377,6 in de jaren 1970s, stond op de 29e plaats in de wereld, en was vergelijkbaar met de Verenigde Staten (US$371,5), Noord-Amerika (US$386,9). De waarde van de constructie per hoofd in Frans-Polynesië was in 3,6 keer hoger dan de constructie per hoofd van de bevolking in de wereld ($106,1), en was 9,1% lager dan de constructie per hoofd van de bevolking in Oceanië ($106,1).

De groei van de constructie in Frans-Polynesië bedroeg 10.6% in de jaren 1970, stond op de 30e plaats in de wereld, en was vergelijkbaar met Jordanië (10,5%), de Turks- en Caicoseilanden (10,7%). De groei van de constructie in Frans-Polynesië (10,6%) was groter dan de groei van de constructie in de wereld (2,1%), was groter dan de groei van de constructie in Oceanië (1,7%).

Vergelijking met buren. De sector van de constructie in Frans-Polynesië was groter dan in Kiribati (US$1,8 miljoen) en in de Cook Eilanden (US$878,6 duizend). De waarde van de constructie per hoofd in Frans-Polynesië was groter dan in de Cook Eilanden (US$43,7) en in Kiribati (US$33,6). De groei van de constructie in Frans-Polynesië was groter dan in Kiribati (8,4%) en in de Cook Eilanden (-9,2%).

Vergelijking met leiders. De toegevoegde waarde van de constructie in Frans-Polynesië was minder dan in de Verenigde Staten (US$81,1 miljard), in de Sovjet-Unie (US$52,5 miljard), in Japan (US$43,5 miljard), in Duitsland (US$33,8 miljard) en in Frankrijk (US$22,4 miljard). De sector van de constructie per hoofd in Frans-Polynesië was groter dan in de Verenigde Staten (US$371,5) en in de Sovjet-Unie (US$208,1); maar minder dan in Duitsland (US$428,6), in Frankrijk (US$417,3) en in Japan (US$390,8). De groei van de constructie in Frans-Polynesië was groter dan in de Sovjet-Unie (6,5%), in Japan (3,4%), in Frankrijk (2,0%), in Duitsland (0,66%) en in de Verenigde Staten (0,31%).

de jaren 1980

De sector van de constructie in Frans-Polynesië bedroeg in de jaren 1980 US$140,3 miljoen per jaar, stond op de 101e plaats in de wereld, en was vergelijkbaar met Vietnam (US$141,5 miljoen), Haïti (US$143,5 miljoen). Het aandeel in de wereld was 0,016%, en 0,84% in Oceanië.

Het aandeel van de constructie in de economie van Frans-Polynesië was 7,4% in de jaren 1980, stond op de 50e plaats in de wereld, en was vergelijkbaar met Jemen (7,5%).

De waarde van de constructie per hoofd in Frans-Polynesië was $803,4 in de jaren 1980s, stond op de 22e plaats in de wereld, en was vergelijkbaar met de Bahama's (US$808,6), Palau (US$812,0), Saoedi-Arabië (US$821,3). De sector van de constructie per hoofd in Frans-Polynesië was in 4,3 keer hoger dan de constructie per hoofd van de bevolking in de wereld ($186,2), en was 18,6% hoger dan de constructie per hoofd van de bevolking in Oceanië ($186,2).

De groei van de constructie in Frans-Polynesië bedroeg 0.1% in de jaren 1980, stond op de 125e plaats in de wereld. De groei van de constructie in Frans-Polynesië (0,089%) was minder dan de groei van de constructie in de wereld (1,7%), was minder dan de groei van de constructie in Oceanië (2,8%).

Vergelijking met buren. De toegevoegde waarde van de constructie in Frans-Polynesië was groter dan in Kiribati (US$999,0 duizend) en in de Cook Eilanden (US$970,1 duizend). De bouw per hoofd in Frans-Polynesië was groter dan in de Cook Eilanden (US$55,1) en in Kiribati (US$15,6). De groei van de constructie in Frans-Polynesië was groter dan in de Cook Eilanden (-3,4%) en in Kiribati (-11,6%).

Vergelijking met leiders. De waarde van de constructie in Frans-Polynesië was minder dan in de Verenigde Staten (US$180,6 miljard), in Japan (US$138,7 miljard), in de Sovjet-Unie (US$72,1 miljard), in Duitsland (US$57,8 miljard) en in Frankrijk (US$42,5 miljard). De waarde van de constructie per hoofd in Frans-Polynesië was groter dan in de Verenigde Staten (US$754,4), in Frankrijk (US$751,9), in Duitsland (US$740,2) en in de Sovjet-Unie (US$262,0); maar minder dan in Japan (US$1.143,9). De groei van de constructie in Frans-Polynesië was groter dan in Duitsland (-0,52%); maar minder dan in de Sovjet-Unie (6,2%), in Japan (2,1%), in de Verenigde Staten (1,1%) en in Frankrijk (0,67%).

de jaren 1990

De waarde van de constructie in Frans-Polynesië bedroeg in de jaren 1990 US$163,6 miljoen per jaar, stond op de 132e plaats in de wereld. Het aandeel in de wereld was 0,010%, en 0,64% in Oceanië.

Het aandeel van de constructie in de economie van Frans-Polynesië was 4,5% in de jaren 1990, stond op de 144e plaats in de wereld, en was vergelijkbaar met Dominica (4,4%), Macau (4,5%).

De sector van de constructie per hoofd in Frans-Polynesië was $753,7 in de jaren 1990s, stond op de 41e plaats in de wereld, en was vergelijkbaar met Montserrat (US$751,0), Palau (US$749,3), Europa (US$760,7). De toegevoegde waarde van de constructie per hoofd in Frans-Polynesië was in 2,7 keer hoger dan de constructie per hoofd van de bevolking in de wereld ($278,6), en was 14,4% lager dan de constructie per hoofd van de bevolking in Oceanië ($278,6).

De groei van de constructie in Frans-Polynesië bedroeg 0.2% in de jaren 1990, stond op de 136e plaats in de wereld. De groei van de constructie in Frans-Polynesië (0,19%) was minder dan de groei van de constructie in de wereld (0,71%), was minder dan de groei van de constructie in Oceanië (3,0%).

Vergelijking met buren. De sector van de constructie in Frans-Polynesië was groter dan in de Cook Eilanden (US$2,0 miljoen) en in Kiribati (US$1,3 miljoen). De toegevoegde waarde van de constructie per hoofd in Frans-Polynesië was groter dan in de Cook Eilanden (US$109,5) en in Kiribati (US$17,2). De groei van de constructie in Frans-Polynesië was minder dan in Kiribati (6,0%) en in de Cook Eilanden (4,6%).

Vergelijking met leiders. De sector van de constructie in Frans-Polynesië was minder dan in Japan (US$343,2 miljard), in de Verenigde Staten (US$299,1 miljard), in Duitsland (US$125,2 miljard), in het Verenigd Koninkrijk (US$69,8 miljard) en in Frankrijk (US$68,8 miljard). De toegevoegde waarde van de constructie per hoofd in Frans-Polynesië was minder dan in Japan (US$2,7 duizend), in Duitsland (US$1.552,3), in het Verenigd Koninkrijk (US$1.205,1), in Frankrijk (US$1.158,8) en in de Verenigde Staten (US$1.131,2). De groei van de constructie in Frans-Polynesië was groter dan in Duitsland (-0,047%), in het Verenigd Koninkrijk (-0,34%), in Frankrijk (-0,65%) en in Japan (-1,0%); maar minder dan in de Verenigde Staten (1,8%).

de jaren 2000

De constructie van Frans-Polynesië bedroeg in de jaren 2000 US$231,9 miljoen per jaar, stond op de 144e plaats in de wereld, en was vergelijkbaar met Burkina Faso (US$228,6 miljoen), de Kaaimaneilanden (US$227,3 miljoen). Het aandeel in de wereld was 0,0094%, en 0,42% in Oceanië.

Het aandeel van de constructie in de economie van Frans-Polynesië was 4,8% in de jaren 2000, stond op de 148e plaats in de wereld, en was vergelijkbaar met Brazilië (4,8%), Georgië (4,8%), Tunesië (4,8%).

De waarde van de constructie per hoofd in Frans-Polynesië was $907,8 in de jaren 2000s, stond op de 51e plaats in de wereld, en was vergelijkbaar met Palau (US$905,8), Hongkong (US$902,8), Amerika (US$931,0). De waarde   van de constructie per hoofd in Frans-Polynesië was in 2,4 keer hoger dan de constructie per hoofd van de bevolking in de wereld ($381,3), en was 44,8% lager dan de constructie per hoofd van de bevolking in Oceanië ($381,3).

De groei van de constructie in Frans-Polynesië bedroeg 0.2% in de jaren 2000, stond op de 183e plaats in de wereld. De groei van de constructie in Frans-Polynesië (0,16%) was minder dan de groei van de constructie in de wereld (1,5%), was minder dan de groei van de constructie in Oceanië (4,8%).

Vergelijking met buren. De toegevoegde waarde van de constructie in Frans-Polynesië was groter dan in Kiribati (US$5,0 miljoen) en in de Cook Eilanden (US$4,9 miljoen). De waarde van de constructie per hoofd in Frans-Polynesië was groter dan in de Cook Eilanden (US$262,1) en in Kiribati (US$53,9). De groei van de constructie in Frans-Polynesië was minder dan in de Cook Eilanden (7,2%) en in Kiribati (2,9%).

Vergelijking met leiders. De constructie van Frans-Polynesië was minder dan in de Verenigde Staten (US$583,0 miljard), in Japan (US$270,5 miljard), in China (US$150,1 miljard), in het Verenigd Koninkrijk (US$132,1 miljard) en in Spanje (US$111,8 miljard). De waarde van de constructie per hoofd in Frans-Polynesië was groter dan in China (US$113,1); maar minder dan in Spanje (US$2,6 duizend), in het Verenigd Koninkrijk (US$2,2 duizend), in Japan (US$2,1 duizend) en in de Verenigde Staten (US$1.983,7). De groei van de constructie in Frans-Polynesië was groter dan in de Verenigde Staten (-2,6%) en in Japan (-3,9%); maar minder dan in China (11,9%), in Spanje (1,7%) en in het Verenigd Koninkrijk (0,17%).

de jaren 2010

De sector van de constructie in Frans-Polynesië bedroeg in de jaren 2010 US$195,9 miljoen per jaar, stond op de 166e plaats in de wereld, en was vergelijkbaar met Andorra (US$195,3 miljoen). Het aandeel in de wereld was 0,0047%, en 0,16% in Oceanië.

Het aandeel van de constructie in de economie van Frans-Polynesië was 3,7% in de jaren 2010, stond op de 178e plaats in de wereld, en was vergelijkbaar met Tsjaad (3,7%), Namibië (3,7%).

De toegevoegde waarde van de constructie per hoofd in Frans-Polynesië was $718,6 in de jaren 2010s, stond op de 73e plaats in de wereld, en was vergelijkbaar met de Dominicaanse Republiek (US$723,3), Mexico (US$734,6). De waarde van de constructie per hoofd in Frans-Polynesië was 25,6% hoger dan de constructie per hoofd van de bevolking in de wereld ($572,1), en was in 4,4 keer lager dan de constructie per hoofd van de bevolking in Oceanië ($572,1).

De groei van de constructie in Frans-Polynesië bedroeg -3.4% in de jaren 2010, stond op de 195e plaats in de wereld. De groei van de constructie in Frans-Polynesië (-3,4%) was minder dan de groei van de constructie in de wereld (2,9%), was minder dan de groei van de constructie in Oceanië (1,7%).

Vergelijking met buren. De sector van de constructie in Frans-Polynesië was 12,8 keer groter dan in Kiribati (US$15,3 miljoen) en 20,5 keer groter dan in de Cook Eilanden (US$9,5 miljoen). De waarde van de constructie per hoofd in Frans-Polynesië was 34,0% groter dan in de Cook Eilanden (US$536,1) en 5,2 keer groter dan in Kiribati (US$138,7). De groei van de constructie in Frans-Polynesië was minder dan in Kiribati (12,3%) en in de Cook Eilanden (5,1%).

Vergelijking met leiders. De waarde van de constructie in Frans-Polynesië was 3.732,4 keer minder dan in China (US$731,1 miljard), 3.475,6 keer minder dan in de Verenigde Staten (US$680,8 miljard), 1.422,6 keer minder dan in Japan (US$278,7 miljard), 858,2 keer minder dan in India (US$168,1 miljard) en 782,3 keer minder dan in Duitsland (US$153,2 miljard). De waarde van de constructie per hoofd in Frans-Polynesië was 37,8% groter dan in China (US$521,3) en 5,6 keer groter dan in India (US$129,1); maar 3,0 keer minder dan in Japan (US$2,2 duizend), 3,0 keer minder dan in de Verenigde Staten (US$2,1 duizend) en 2,6 keer minder dan in Duitsland (US$1.871,9). De groei van de constructie in Frans-Polynesië was minder dan in China (8,2%), in India (5,2%), in Duitsland (1,8%), in Japan (1,7%) en in de Verenigde Staten (1,4%).

Hoofdstuk VII. Vervoer

Transport, opslag en communicatie (ISIC I)

De toegevoegde waarde van het transport in Frans-Polynesië steeg van US$57,6 miljoen per jaar in de jaren 1970 tot US$606,5 miljoen per jaar in de jaren 2010, dat wil zeggen met US$548,9 miljoen of 10,5 keer. De verandering vond plaats op US$398,8 miljoen als gevolg van een 2,9-voudige stijging van de prijzen, en ook op US$86,1 miljoen als gevolg van een 1,7-voudige toename van de productiviteit , evenals op US$63,9 miljoen als gevolg van de toename van de bevolking. De gemiddelde jaarlijkse groei van het transport is 3,5%. De minimumwaarde van het transport bedroeg US$22,4 miljoen in 1970. De maximumwaarde van het transport bedroeg US$680,6 miljoen in 2018.

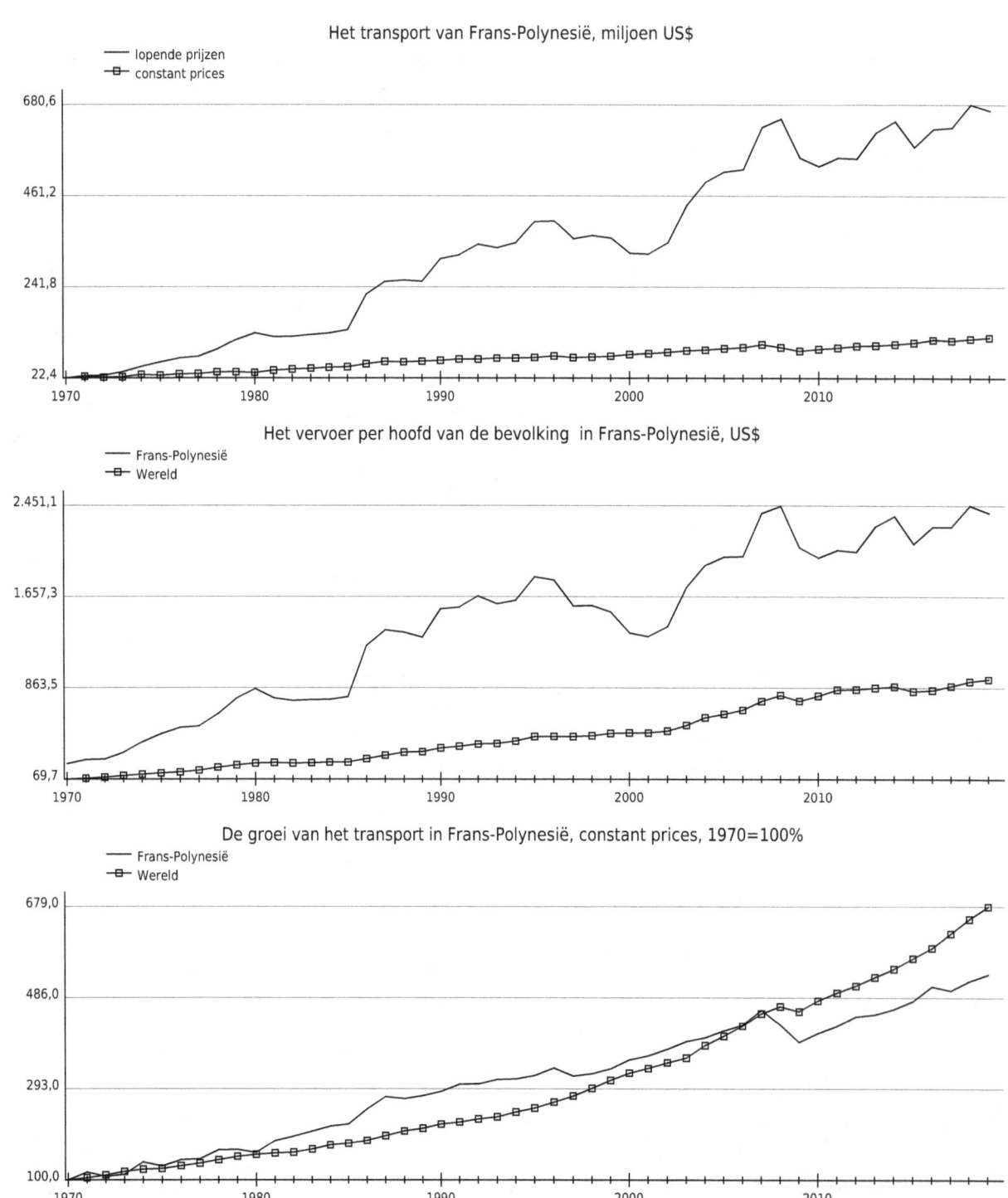

Het transport van Frans-Polynesië, miljoen US$

Het vervoer per hoofd van de bevolking in Frans-Polynesië, US$

De groei van het transport in Frans-Polynesië, constant prices, 1970=100%

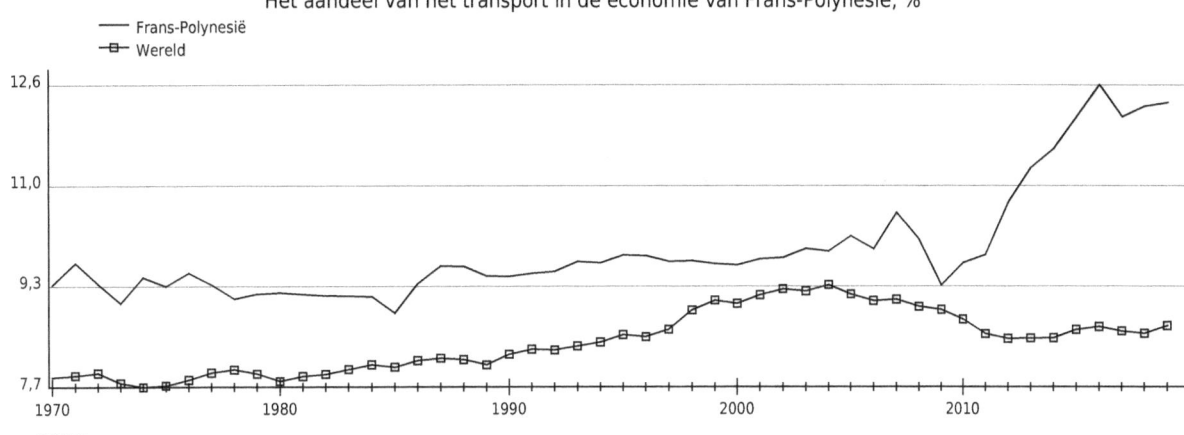

Het aandeel van het transport in de economie van Frans-Polynesië, %

de jaren 1970

De toegevoegde waarde van het transport in Frans-Polynesië bedroeg in de jaren 1970 US$57,6 miljoen per jaar, stond op de 111e plaats in de wereld, en was vergelijkbaar met Nepal (US$57,4 miljoen), Namibië (US$58,0 miljoen). Het aandeel in de wereld was 0,012%, en 0,64% in Oceanië.

Het aandeel van het transport in de economie van Frans-Polynesië was 9,3% in de jaren 1970, stond op de 44e plaats in de wereld, en was vergelijkbaar met Mozambique (9,2%).

Het vervoer per hoofd in Frans-Polynesië was $445,7 in de jaren 1970s, stond op de 21e plaats in de wereld, en was vergelijkbaar met Frankrijk (US$447,4), West-Europa (US$437,2). De toegevoegde waarde van het transport per hoofd in Frans-Polynesië was in 3,6 keer hoger dan het transport per hoofd van de bevolking in de wereld ($122,3), en was 5,2% hoger dan het transport per hoofd van de bevolking in Oceanië ($122,3).

De groei van het transport in Frans-Polynesië bedroeg 5.6% in de jaren 1970, stond op de 90e plaats in de wereld, en was vergelijkbaar met Mongolië (5,6%), Antigua en Barbuda (5,6%), Canada (5,7%). De groei van het transport in Frans-Polynesië (5,6%) was groter dan de groei van het transport in de wereld (4,6%), was groter dan de groei van het transport in Oceanië (4,9%).

Vergelijking met buren. Het vervoer van Frans-Polynesië was groter dan in Kiribati (US$1,4 miljoen) en in de Cook Eilanden (US$1,2 miljoen). Het vervoer per hoofd in Frans-Polynesië was groter dan in de Cook Eilanden (US$60,5) en in Kiribati (US$25,9). De groei van het transport in Frans-Polynesië was groter dan in de Cook Eilanden (-0,94%); maar minder dan in Kiribati (6,9%).

Vergelijking met leiders. De waarde van het transport in Frans-Polynesië was minder dan in de Verenigde Staten (US$168,6 miljard), in Japan (US$46,4 miljard), in Duitsland (US$29,6 miljard), in de Sovjet-Unie (US$28,8 miljard) en in Frankrijk (US$24,0 miljard). De waarde van het transport per hoofd in Frans-Polynesië was groter dan in Japan (US$416,6), in Duitsland (US$376,1) en in de Sovjet-Unie (US$114,0); maar minder dan in de Verenigde Staten (US$772,4) en in Frankrijk (US$447,4). De groei van het transport in Frans-Polynesië was groter dan in de Verenigde Staten (4,2%), in Frankrijk (4,1%), in Duitsland (3,0%) en in Japan (1,7%); maar minder dan in de Sovjet-Unie (8,1%).

de jaren 1980

De waarde van het transport in Frans-Polynesië bedroeg in de jaren 1980 US$176,4 miljoen per jaar, stond op de 103e plaats in de wereld, en was vergelijkbaar met Zambia (US$173,2 miljoen). Het aandeel in de wereld was 0,015%, en 0,82% in Oceanië.

Het aandeel van het transport in de economie van Frans-Polynesië was 9,3% in de jaren 1980, stond op de 52e plaats in de wereld, en was vergelijkbaar met Noord-Amerika (9,3%), Polynesië (9,3%), Pakistan (9,4%).

Het vervoer per hoofd in Frans-Polynesië was $1.010,2 in de jaren 1980s, stond op de 18e plaats in de wereld, en was vergelijkbaar met Singapore (US$1.006,2), Frankrijk (US$993,7). De toegevoegde waarde van het transport per hoofd in Frans-Polynesië was in 4,2 keer hoger dan het transport per hoofd van de bevolking in de wereld ($242,0), en was 15,8% hoger dan het transport per hoofd van de bevolking in Oceanië ($242,0).

De groei van het transport in Frans-Polynesië bedroeg 5.4% in de jaren 1980, stond op de 44e plaats in de wereld, en was vergelijkbaar met Frankrijk (5,4%), Malta (5,4%). De groei van het transport in Frans-Polynesië (5,4%) was groter dan de groei van het transport in de wereld (3,4%), was groter dan de groei van het transport in Oceanië (4,2%).

Vergelijking met buren. De sector van het transport in Frans-Polynesië was groter dan in Kiribati (US$3,3 miljoen) en in de Cook Eilanden (US$2,8 miljoen). De sector van het transport per hoofd in Frans-Polynesië was groter dan in de Cook Eilanden (US$159,9) en in Kiribati (US$50,9). De groei van het transport in Frans-Polynesië was groter dan in Kiribati (1,3%); maar minder dan in de Cook Eilanden (5,5%).

Vergelijking met leiders. Het transport van Frans-Polynesië was minder dan in de Verenigde Staten (US$394,9 miljard), in Japan (US$147,7 miljard), in Duitsland (US$56,6 miljard), in Frankrijk (US$56,2 miljard) en in het Verenigd Koninkrijk (US$53,0 miljard). De toegevoegde waarde van het transport per hoofd in Frans-Polynesië was groter dan in Frankrijk (US$993,7), in het Verenigd Koninkrijk (US$938,7) en in Duitsland (US$725,5); maar minder dan in de Verenigde Staten (US$1.649,2) en in Japan (US$1.217,8). De groei van het transport in Frans-Polynesië was groter dan in Frankrijk (5,4%), in Japan (4,7%), in de Verenigde Staten (3,6%), in het Verenigd Koninkrijk (3,0%) en in Duitsland (1,8%).

de jaren 1990

De waarde van het transport in Frans-Polynesië bedroeg in de jaren 1990 US$353,8 miljoen per jaar, stond op de 111e plaats in de wereld, en was vergelijkbaar met Madagaskar (US$353,0 miljoen), Honduras (US$351,7 miljoen), Malta (US$360,0 miljoen). Het aandeel in de wereld was 0,015%, en 0,92% in Oceanië.

Het aandeel van het transport in de economie van Frans-Polynesië was 9,7% in de jaren 1990, stond op de 63e plaats in de wereld, en was vergelijkbaar met Madagaskar (9,7%), Polynesië (9,6%), Zuid-Afrika (9,7%).

De sector van het transport per hoofd in Frans-Polynesië was $1.630,0 in de jaren 1990s, stond op de 28e plaats in de wereld, en was vergelijkbaar met Cyprus (US$1.619,5), Italië (US$1.651,1). De waarde van het transport per hoofd in Frans-Polynesië was in 4,0 keer hoger dan het transport per hoofd van de bevolking in de wereld ($409,5), en was 22,0% hoger dan het transport per hoofd van de bevolking in Oceanië ($409,5).

De groei van het transport in Frans-Polynesië bedroeg 1.9% in de jaren 1990, stond op de 156e plaats in de wereld. De groei van het transport in Frans-Polynesië (1,9%) was minder dan de groei van het transport in de wereld (4,0%), was minder dan de groei van het transport in Oceanië (4,7%).

Vergelijking met buren. De waarde van het transport in Frans-Polynesië was groter dan in de Cook Eilanden (US$8,3 miljoen) en in Kiribati (US$5,6 miljoen). De sector van het transport per hoofd in Frans-Polynesië was groter dan in de Cook Eilanden (US$442,7) en in Kiribati (US$71,7). De groei van het transport in Frans-Polynesië was minder dan in Kiribati (5,0%) en in de Cook Eilanden (4,9%).

Vergelijking met leiders. Het transport van Frans-Polynesië was minder dan in de Verenigde Staten (US$702,6 miljard), in Japan (US$373,9 miljard), in Duitsland (US$144,3 miljard), in Frankrijk (US$118,7 miljard) en in het Verenigd Koninkrijk (US$117,6 miljard). De sector van het transport per hoofd in Frans-Polynesië was minder dan in Japan (US$3,0 duizend), in de Verenigde Staten (US$2,7 duizend), in het Verenigd Koninkrijk (US$2,0 duizend), in Frankrijk (US$1.999,2) en in Duitsland (US$1.789,0). De groei van het transport in Frans-Polynesië was minder dan in de Verenigde Staten (5,0%), in Frankrijk (4,8%), in het Verenigd Koninkrijk (4,7%), in Duitsland (3,9%) en in Japan (3,0%).

de jaren 2000

De toegevoegde waarde van het transport in Frans-Polynesië bedroeg in de jaren 2000 US$479,4 miljoen per jaar, stond op de 125e plaats in de wereld. Het aandeel in de wereld was 0,012%, en 0,72% in Oceanië.

Het aandeel van het transport in de economie van Frans-Polynesië was 9,9% in de jaren 2000, stond op de 77e plaats in de wereld, en was vergelijkbaar met Ecuador (9,9%), Saint Kitts en Nevis (9,9%), Polen (10,0%).

De waarde van het transport per hoofd in Frans-Polynesië was $1.876,1 in de jaren 2000s, stond op de 37e plaats in de wereld, en was vergelijkbaar met Nieuw-Zeeland (US$1.867,7), Europa (US$1.850,1), San Marino (US$1.849,7). Het transport per hoofd in Frans-Polynesië was in 3,0 keer hoger dan het transport per hoofd van de bevolking in de wereld ($621,1), en was 6,6% lager dan het transport per hoofd van de bevolking in Oceanië ($621,1).

De groei van het transport in Frans-Polynesië bedroeg 1.6% in de jaren 2000, stond op de 183e plaats in de wereld. De groei van het transport in Frans-Polynesië (1,6%) was minder dan de groei van het transport in de wereld (3,9%), was minder dan de groei van het transport in Oceanië (3,7%).

Vergelijking met buren. De sector van het transport in Frans-Polynesië was groter dan in de Cook Eilanden (US$17,4 miljoen) en in

Kiribati (US$10,5 miljoen). Het vervoer per hoofd in Frans-Polynesië was groter dan in de Cook Eilanden (US$934,4) en in Kiribati (US$114,2). De groei van het transport in Frans-Polynesië was groter dan in Kiribati (-0,59%); maar minder dan in de Cook Eilanden (7,4%).

Vergelijking met leiders. De waarde van het transport in Frans-Polynesië was minder dan in de Verenigde Staten (US$1,2 biljoen), in Japan (US$468,5 miljard), in Duitsland (US$228,2 miljard), in het Verenigd Koninkrijk (US$215,9 miljard) en in Frankrijk (US$185,6 miljard). De waarde van het transport per hoofd in Frans-Polynesië was minder dan in de Verenigde Staten (US$4,0 duizend), in Japan (US$3,7 duizend), in het Verenigd Koninkrijk (US$3,6 duizend), in Frankrijk (US$3,0 duizend) en in Duitsland (US$2,8 duizend). De groei van het transport in Frans-Polynesië was groter dan in Japan (1,5%); maar minder dan in Duitsland (3,4%), in het Verenigd Koninkrijk (3,1%), in de Verenigde Staten (3,1%) en in Frankrijk (2,7%).

de jaren 2010

De sector van het transport in Frans-Polynesië bedroeg in de jaren 2010 US$606,5 miljoen per jaar, stond op de 143e plaats in de wereld, en was vergelijkbaar met Nicaragua (US$597,7 miljoen). Het aandeel in de wereld was 0,0096%, en 0,50% in Oceanië.

Het aandeel van het transport in de economie van Frans-Polynesië was 11,4% in de jaren 2010, stond op de 41e plaats in de wereld, en was vergelijkbaar met Hongarije (11,4%), Curaçao (11,5%), Antigua en Barbuda (11,4%).

De waarde van het transport per hoofd in Frans-Polynesië was $2.224,8 in de jaren 2010s, stond op de 41e plaats in de wereld, en was vergelijkbaar met Spanje (US$2,2 duizend), Koeweit (US$2,3 duizend), Aruba (US$2,2 duizend). Het transport per hoofd in Frans-Polynesië was in 2,6 keer hoger dan het transport per hoofd van de bevolking in de wereld ($864,8), en was 27,4% lager dan het transport per hoofd van de bevolking in Oceanië ($864,8).

De groei van het transport in Frans-Polynesië bedroeg 3.2% in de jaren 2010, stond op de 133e plaats in de wereld, en was vergelijkbaar met Brunei (3,2%), Denemarken (3,2%). De groei van het transport in Frans-Polynesië (3,2%) was minder dan de groei van het transport in de wereld (4,0%), was groter dan de groei van het transport in Oceanië (2,3%).

Vergelijking met buren. De toegevoegde waarde van het transport in Frans-Polynesië was 16,7 keer groter dan in de Cook Eilanden (US$36,3 miljoen) en 37,7 keer groter dan in Kiribati (US$16,1 miljoen). De toegevoegde waarde van het transport per hoofd in Frans-Polynesië was 8,9% groter dan in de Cook Eilanden (US$2,0 duizend) en 15,2 keer groter dan in Kiribati (US$146,0). De groei van het transport in Frans-Polynesië was groter dan in Kiribati (0,68%); maar minder dan in de Cook Eilanden (4,0%).

Vergelijking met leiders. De sector van het transport in Frans-Polynesië was 2.948,9 keer minder dan in de Verenigde Staten (US$1,8 biljoen), 873,6 keer minder dan in Japan (US$529,8 miljard), 765,5 keer minder dan in China (US$464,2 miljard), 494,7 keer minder dan in Duitsland (US$300,0 miljard) en 425,0 keer minder dan in het Verenigd Koninkrijk (US$257,7 miljard). De waarde van het transport per hoofd in Frans-Polynesië was 6,7 keer groter dan in China (US$331,0); maar 2,5 keer minder dan in de Verenigde Staten (US$5,6 duizend), 46,3% minder dan in Japan (US$4,1 duizend), 43,4% minder dan in het Verenigd Koninkrijk (US$3,9 duizend) en 39,3% minder dan in Duitsland (US$3,7 duizend). De groei van het transport in Frans-Polynesië was groter dan in het Verenigd Koninkrijk (2,8%), in Duitsland (2,7%) en in Japan (0,81%); maar minder dan in China (7,5%) en in de Verenigde Staten (5,1%).

Hoofdstuk VIII. Handel

Groothandel, detailhandel, restaurants en hotels (ISIC G-H)

De sector van de handel in Frans-Polynesië steeg van US$90,8 miljoen per jaar in de jaren 1970 tot US$713,0 miljoen per jaar in de jaren 2010, dat wil zeggen met US$622,2 miljoen of 7,9 keer. De verandering vond plaats op US$459,0 miljoen als gevolg van een 2,8-voudige stijging van de prijzen, en ook op US$62,5 miljoen als gevolg van een 1,3-voudige toename van de productiviteit , evenals op US$100,7 miljoen als gevolg van de toename van de bevolking. De gemiddelde jaarlijkse groei van de handel is 3,0%. De minimumwaarde van de handel bedroeg US$35,3 miljoen in 1970. De maximumwaarde van de handel bedroeg US$1,0 miljard in 2008.

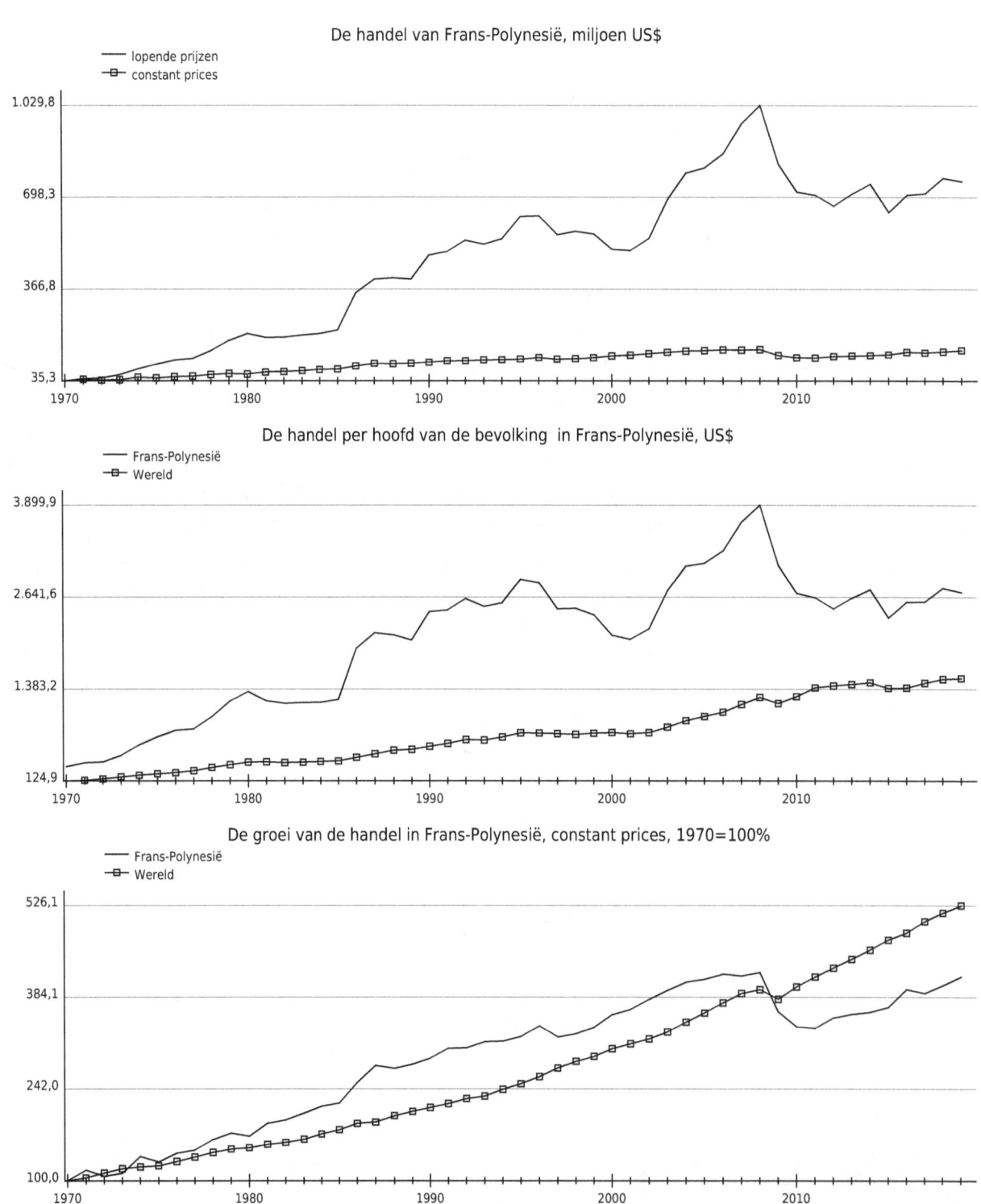

De handel van Frans-Polynesië, miljoen US$

De handel per hoofd van de bevolking in Frans-Polynesië, US$

De groei van de handel in Frans-Polynesië, constant prices, 1970=100%

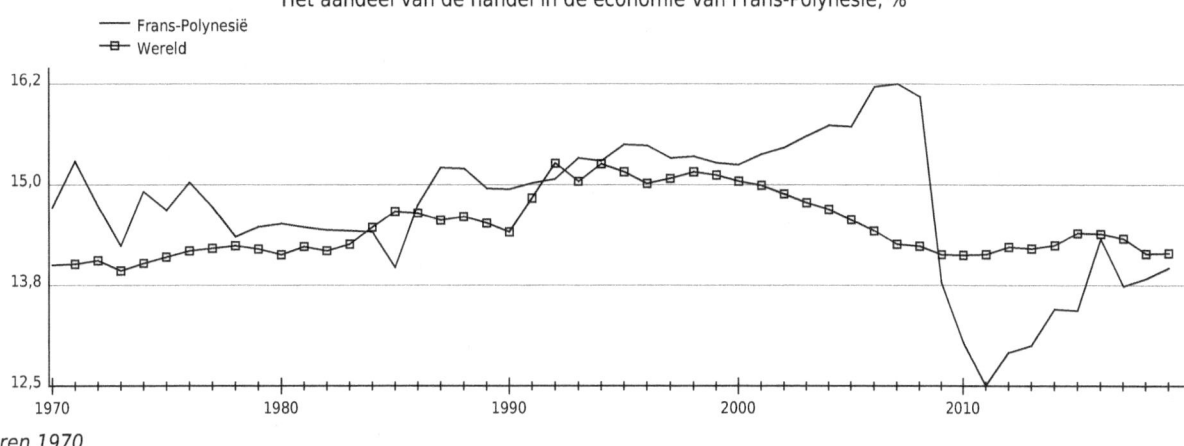

Het aandeel van de handel in de economie van Frans-Polynesië, %

de jaren 1970

De toegevoegde waarde van de handel in Frans-Polynesië bedroeg in de jaren 1970 US$90,8 miljoen per jaar, stond op de 124e plaats in de wereld, en was vergelijkbaar met Sierra Leone (US$89,8 miljoen), Namibië (US$89,4 miljoen). Het aandeel in de wereld was 0,010%, en 0,71% in Oceanië.

Het aandeel van de handel in de economie van Frans-Polynesië was 14,6% in de jaren 1970, stond op de 92e plaats in de wereld, en was vergelijkbaar met Tanzania (14,7%), Oeganda (14,7%), Bangladesh (14,6%).

De waarde van de handel per hoofd in Frans-Polynesië was $702,4 in de jaren 1970s, stond op de 29e plaats in de wereld, en was vergelijkbaar met Australazië (US$705,3), Nauru (US$715,9). De toegevoegde waarde van de handel per hoofd in Frans-Polynesië was in 3,2 keer hoger dan de handel per hoofd van de bevolking in de wereld ($221,0), en was 17,6% hoger dan de handel per hoofd van de bevolking in Oceanië ($221,0).

De groei van de handel in Frans-Polynesië bedroeg 6.3% in de jaren 1970, stond op de 60e plaats in de wereld, en was vergelijkbaar met Mexico (6,3%). De groei van de handel in Frans-Polynesië (6,3%) was groter dan de groei van de handel in de wereld (4,5%), was groter dan de groei van de handel in Oceanië (1,6%).

Vergelijking met buren. De sector van de handel in Frans-Polynesië was groter dan in Kiribati (US$4,7 miljoen) en in de Cook Eilanden (US$4,1 miljoen). De waarde van de handel per hoofd in Frans-Polynesië was groter dan in de Cook Eilanden (US$204,0) en in Kiribati (US$85,7). De groei van de handel in Frans-Polynesië was groter dan in Kiribati (-2,9%); maar minder dan in de Cook Eilanden (9,5%).

Vergelijking met leiders. De sector van de handel in Frans-Polynesië was minder dan in de Verenigde Staten (US$278,3 miljard), in Japan (US$90,3 miljard), in de Sovjet-Unie (US$62,3 miljard), in Duitsland (US$61,1 miljard) en in Frankrijk (US$40,9 miljard). De toegevoegde waarde van de handel per hoofd in Frans-Polynesië was groter dan in de Sovjet-Unie (US$247,1); maar minder dan in de Verenigde Staten (US$1.275,1), in Japan (US$811,1), in Duitsland (US$775,5) en in Frankrijk (US$762,4). De groei van de handel in Frans-Polynesië was groter dan in de Sovjet-Unie (5,2%), in Frankrijk (3,9%), in de Verenigde Staten (3,9%) en in Duitsland (3,0%); maar minder dan in Japan (8,2%).

de jaren 1980

De toegevoegde waarde van de handel in Frans-Polynesië bedroeg in de jaren 1980 US$278,0 miljoen per jaar, stond op de 120e plaats in de wereld. Het aandeel in de wereld was 0,013%, en 0,94% in Oceanië.

Het aandeel van de handel in de economie van Frans-Polynesië was 14,7% in de jaren 1980, stond op de 95e plaats in de wereld, en was vergelijkbaar met Tonga (14,7%), Marokko (14,8%).

De sector van de handel per hoofd in Frans-Polynesië was $1.592,2 in de jaren 1980s, stond op de 26e plaats in de wereld, en was vergelijkbaar met Barbados (US$1.580,8), de Nederland (US$1.620,2), Frankrijk (US$1.563,0). De sector van de handel per hoofd in Frans-Polynesië was in 3,6 keer hoger dan de handel per hoofd van de bevolking in de wereld ($437,7), en was 33,4% hoger dan de handel per hoofd van de bevolking in Oceanië ($437,7).

De groei van de handel in Frans-Polynesië bedroeg 4.9% in de jaren 1980, stond op de 38e plaats in de wereld, en was vergelijkbaar met Japan (4,9%), Zuid-Azië (4,9%), Noord-Afrika (4,9%). De groei van de handel in Frans-Polynesië (4,9%) was groter dan de groei van de handel in de wereld (3,3%), was groter dan de groei van de handel in Oceanië (2,5%).

Vergelijking met buren. De toegevoegde waarde van de handel in Frans-Polynesië was groter dan in de Cook Eilanden (US$8,4 miljoen) en in Kiribati (US$3,7 miljoen). De toegevoegde waarde van de handel per hoofd in Frans-Polynesië was groter dan in de Cook Eilanden (US$478,6) en in Kiribati (US$57,1). De groei van de handel in Frans-Polynesië was groter dan in de Cook Eilanden (-0,21%) en in Kiribati (-1,6%).

Vergelijking met leiders. De toegevoegde waarde van de handel in Frans-Polynesië was minder dan in de Verenigde Staten (US$653,3 miljard), in Japan (US$277,3 miljard), in Duitsland (US$116,7 miljard), in de Sovjet-Unie (US$112,3 miljard) en in Italië (US$95,7 miljard). De waarde van de handel per hoofd in Frans-Polynesië was groter dan in Duitsland (US$1.496,0) en in de Sovjet-Unie (US$408,1); maar minder dan in de Verenigde Staten (US$2,7 duizend), in Japan (US$2,3 duizend) en in Italië (US$1.684,2). De groei van de handel in Frans-Polynesië was groter dan in Japan (4,9%), in de Verenigde Staten (4,4%), in Italië (2,3%), in Duitsland (1,8%) en in de Sovjet-Unie (-0,62%).

de jaren 1990

De handel van Frans-Polynesië bedroeg in de jaren 1990 US$557,7 miljoen per jaar, stond op de 125e plaats in de wereld, en was vergelijkbaar met Zambia (US$558,8 miljoen), Mauritius (US$558,9 miljoen), Estland (US$552,9 miljoen). Het aandeel in de wereld was 0,014%, en 1,0% in Oceanië.

Het aandeel van de handel in de economie van Frans-Polynesië was 15,3% in de jaren 1990, stond op de 94e plaats in de wereld, en was vergelijkbaar met Kroatië (15,3%), Noord-Amerika (15,2%), Amerika (15,2%).

De waarde van de handel per hoofd in Frans-Polynesië was $2.569,0 in de jaren 1990s, stond op de 35e plaats in de wereld, en was vergelijkbaar met Australië (US$2,6 duizend), Antigua en Barbuda (US$2,6 duizend), Spanje (US$2,6 duizend). De sector van de handel per hoofd in Frans-Polynesië was in 3,6 keer hoger dan de handel per hoofd van de bevolking in de wereld ($721,8), en was 34,0% hoger dan de handel per hoofd van de bevolking in Oceanië ($721,8).

De groei van de handel in Frans-Polynesië bedroeg 1.9% in de jaren 1990, stond op de 133e plaats in de wereld. De groei van de handel in Frans-Polynesië (1,9%) was minder dan de groei van de handel in de wereld (3,5%), was minder dan de groei van de handel in Oceanië (3,3%).

Vergelijking met buren. De waarde van de handel in Frans-Polynesië was groter dan in de Cook Eilanden (US$22,6 miljoen) en in Kiribati (US$5,7 miljoen). De sector van de handel per hoofd in Frans-Polynesië was groter dan in de Cook Eilanden (US$1.210,4) en in Kiribati (US$74,1). De groei van de handel in Frans-Polynesië was minder dan in de Cook Eilanden (5,2%) en in Kiribati (2,4%).

Vergelijking met leiders. De handel van Frans-Polynesië was minder dan in de Verenigde Staten (US$1,2 biljoen), in Japan (US$713,2 miljard), in Duitsland (US$243,7 miljard), in Italië (US$185,6 miljard) en in Frankrijk (US$177,0 miljard). De handel per hoofd in Frans-Polynesië was minder dan in Japan (US$5,7 duizend), in de Verenigde Staten (US$4,4 duizend), in Italië (US$3,3 duizend), in Duitsland (US$3,0 duizend) en in Frankrijk (US$3,0 duizend). De groei van de handel in Frans-Polynesië was minder dan in de Verenigde Staten (4,3%), in Japan (3,8%), in Duitsland (2,5%), in Frankrijk (2,4%) en in Italië (1,9%).

de jaren 2000

De handel van Frans-Polynesië bedroeg in de jaren 2000 US$751,0 miljoen per jaar, stond op de 135e plaats in de wereld, en was vergelijkbaar met Niger (US$753,5 miljoen), Noord-Macedonië (US$759,4 miljoen), Burkina Faso (US$763,1 miljoen). Het aandeel in de wereld was 0,012%, en 0,77% in Oceanië.

Het aandeel van de handel in de economie van Frans-Polynesië was 15,5% in de jaren 2000, stond op de 92e plaats in de wereld, en was vergelijkbaar met Slowakije (15,6%), Costa Rica (15,5%), Swaziland (15,6%).

De toegevoegde waarde van de handel per hoofd in Frans-Polynesië was $2.939,4 in de jaren 2000s, stond op de 43e plaats in de wereld, en was vergelijkbaar met Oceanië (US$2,9 duizend), Nieuw-Caledonië (US$3,0 duizend). De sector van de handel per hoofd in Frans-Polynesië was in 3,0 keer hoger dan de handel per hoofd van de bevolking in de wereld ($990,3), en was 0,57% hoger dan de handel per hoofd van de bevolking in Oceanië ($990,3).

De groei van de handel in Frans-Polynesië bedroeg 0.7% in de jaren 2000, stond op de 185e plaats in de wereld, en was vergelijkbaar met Barbados (0,69%). De groei van de handel in Frans-Polynesië (0,68%) was minder dan de groei van de handel in de wereld (2,7%), was minder dan de groei van de handel in Oceanië (3,0%).

Vergelijking met buren. De handel van Frans-Polynesië was groter dan in de Cook Eilanden (US$51,1 miljoen) en in Kiribati (US$7,6 miljoen). De handel per hoofd in Frans-Polynesië was groter dan in de Cook Eilanden (US$2,7 duizend) en in Kiribati (US$82,2). De groei van de handel in Frans-Polynesië was minder dan in de Cook Eilanden (4,1%) en in Kiribati (2,8%).

Vergelijking met leiders. De toegevoegde waarde van de handel in Frans-Polynesië was minder dan in de Verenigde Staten (US$1,9 biljoen), in Japan (US$771,8 miljard), in Duitsland (US$296,0 miljard), in het Verenigd Koninkrijk (US$293,5 miljard) en in China (US$262,0 miljard). De sector van de handel per hoofd in Frans-Polynesië was groter dan in China (US$197,5); maar minder dan in de Verenigde Staten (US$6,4 duizend), in Japan (US$6,0 duizend), in het Verenigd Koninkrijk (US$4,9 duizend) en in Duitsland (US$3,6 duizend). De groei van de handel in Frans-Polynesië was groter dan in Japan (-0,77%); maar minder dan in China (11,9%), in Duitsland (1,7%), in het Verenigd Koninkrijk (1,3%) en in de Verenigde Staten (1,1%).

de jaren 2010

De waarde van de handel in Frans-Polynesië bedroeg in de jaren 2010 US$713,0 miljoen per jaar, stond op de 159e plaats in de wereld, en was vergelijkbaar met Andorra (US$712,5 miljoen), Zuid-Soedan (US$699,2 miljoen), Aruba (US$730,8 miljoen). Het aandeel in de wereld was 0,0068%, en 0,40% in Oceanië.

Het aandeel van de handel in de economie van Frans-Polynesië was 13,4% in de jaren 2010, stond op de 141e plaats in de wereld, en was vergelijkbaar met Costa Rica (13,4%), het Verenigd Koninkrijk (13,4%), Oost-Azië (13,3%).

De handel per hoofd in Frans-Polynesië was $2.615,5 in de jaren 2010s, stond op de 61e plaats in de wereld. De handel per hoofd in Frans-Polynesië was 82,0% hoger dan de handel per hoofd van de bevolking in de wereld ($1.436,8), en was 42,5% lager dan de handel per hoofd van de bevolking in Oceanië ($1.436,8).

De groei van de handel in Frans-Polynesië bedroeg 1.4% in de jaren 2010, stond op de 167e plaats in de wereld, en was vergelijkbaar met Zuid-Europa (1,4%). De groei van de handel in Frans-Polynesië (1,4%) was minder dan de groei van de handel in de wereld (3,3%), was minder dan de groei van de handel in Oceanië (2,0%).

Vergelijking met buren. De sector van de handel in Frans-Polynesië was 7,8 keer groter dan in de Cook Eilanden (US$91,3 miljoen) en 57,7 keer groter dan in Kiribati (US$12,4 miljoen). De toegevoegde waarde van de handel per hoofd in Frans-Polynesië was 23,3 keer groter dan in Kiribati (US$112,2); maar 49,1% minder dan in de Cook Eilanden (US$5,1 duizend). De groei van de handel in Frans-Polynesië was minder dan in de Cook Eilanden (5,5%) en in Kiribati (3,5%).

Vergelijking met leiders. De toegevoegde waarde van de handel in Frans-Polynesië was 3.668,3 keer minder dan in de Verenigde Staten (US$2,6 biljoen), 1.675,2 keer minder dan in China (US$1,2 biljoen), 1.219,6 keer minder dan in Japan (US$869,5 miljard), 522,6 keer minder dan in Duitsland (US$372,6 miljard) en 462,8 keer minder dan in het Verenigd Koninkrijk (US$330,0 miljard). De waarde van de handel per hoofd in Frans-Polynesië was 3,1 keer groter dan in China (US$851,7); maar 3,1 keer minder dan in de Verenigde Staten (US$8,2 duizend), 2,6 keer minder dan in Japan (US$6,8 duizend), 48,0% minder dan in het Verenigd Koninkrijk (US$5,0 duizend) en 42,5% minder dan in Duitsland (US$4,6 duizend). De groei van de handel in Frans-Polynesië was groter dan in Japan (0,77%); maar minder dan in China (8,9%), in het Verenigd Koninkrijk (2,8%), in de Verenigde Staten (2,3%) en in Duitsland (2,0%).

Hoofdstuk IX. Diensten

(ISIC J-P)

De sector van de diensten in Frans-Polynesië steeg van US$334,3 miljoen per jaar in de jaren 1970 tot US$3,2 miljard per jaar in de jaren 2010, dat wil zeggen met US$2,8 miljard of 9,5 keer. De verandering vond plaats op US$2,1 miljard als gevolg van een 2,8-voudige stijging van de prijzen, en ook op US$426,5 miljoen als gevolg van een 1,6-voudige toename van de productiviteit , evenals op US$370,7 miljoen als gevolg van de toename van de bevolking. De gemiddelde jaarlijkse groei van de diensten is 3,2%. De minimumwaarde van de diensten bedroeg US$129,9 miljoen in 1970. De maximumwaarde van de diensten bedroeg US$3,8 miljard in 2008.

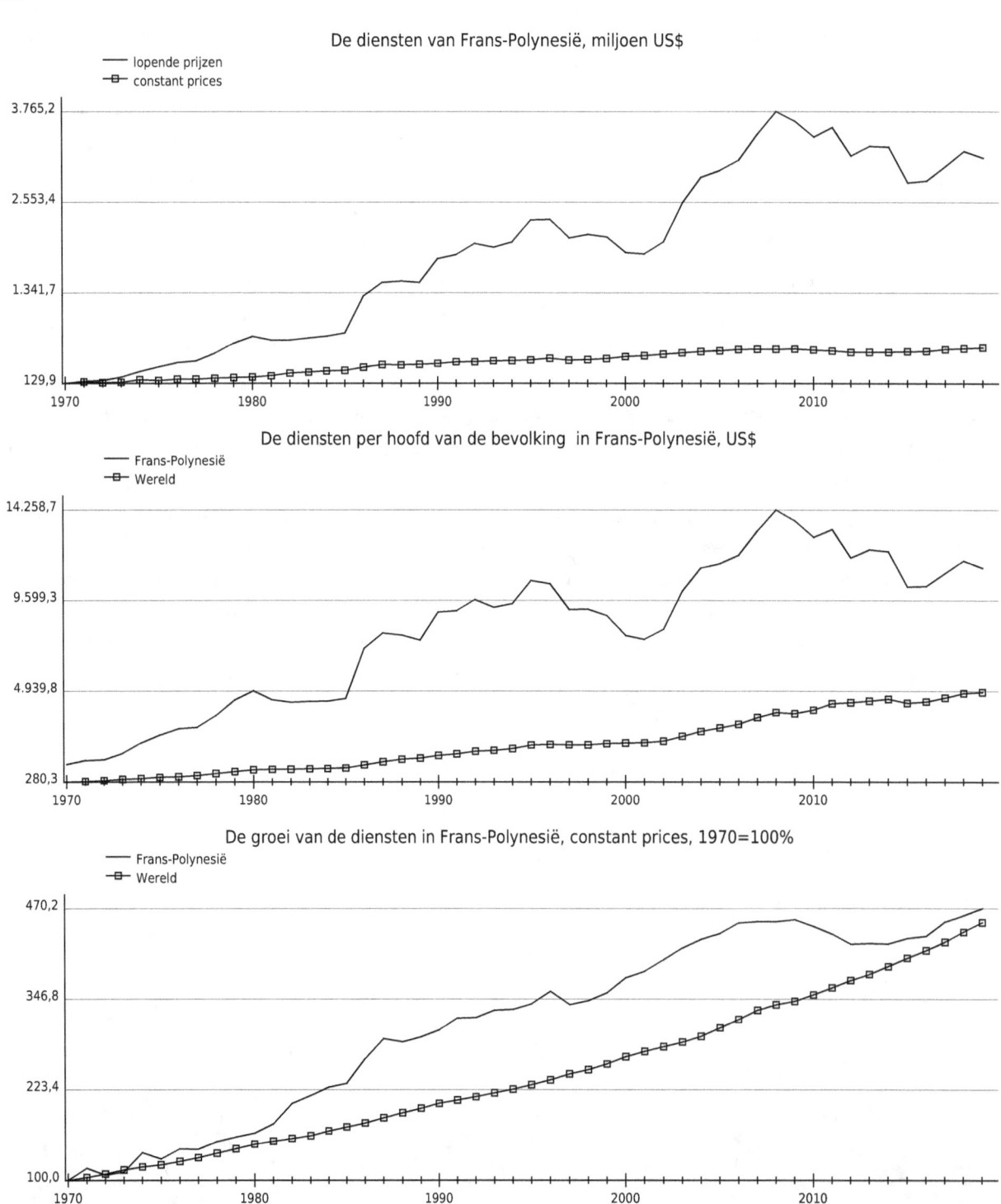

De diensten van Frans-Polynesië, miljoen US$

De diensten per hoofd van de bevolking in Frans-Polynesië, US$

De groei van de diensten in Frans-Polynesië, constant prices, 1970=100%

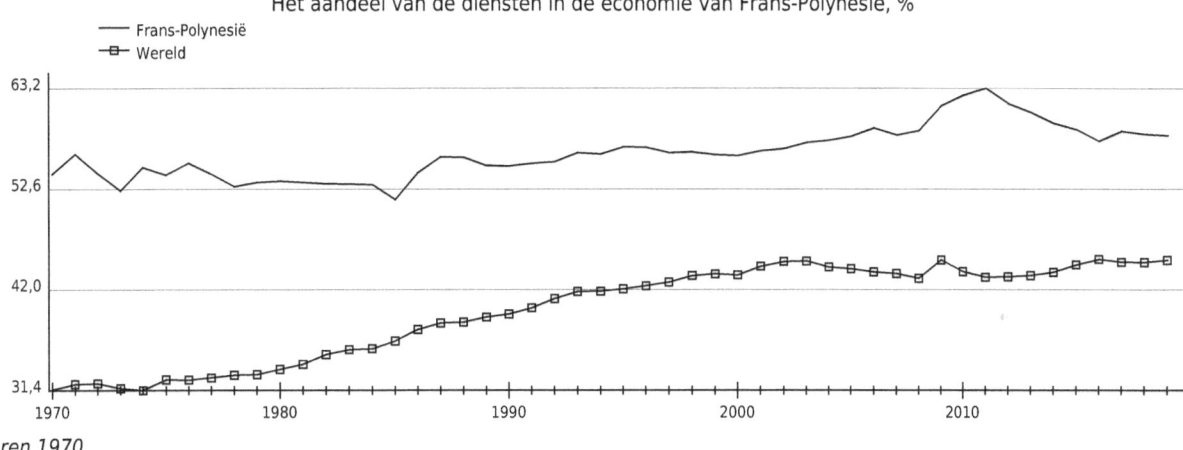

Het aandeel van de diensten in de economie van Frans-Polynesië, %

de jaren 1970

De toegevoegde waarde van de diensten in Frans-Polynesië bedroeg in de jaren 1970 US$334,3 miljoen per jaar, stond op de 105e plaats in de wereld, en was vergelijkbaar met El Salvador (US$333,1 miljoen), Honduras (US$337,5 miljoen). Het aandeel in de wereld was 0,016%, en 0,85% in Oceanië.

Het aandeel van de diensten in de economie van Frans-Polynesië was 53,9% in de jaren 1970, stond op de 6e plaats in de wereld, en was vergelijkbaar met Saint Kitts en Nevis (54,0%), de Britse Maagdeneilanden (53,7%).

De waarde van de diensten per hoofd in Frans-Polynesië was $2.586,2 in de jaren 1970s, stond op de 14e plaats in de wereld, en was vergelijkbaar met de Bahama's (US$2,6 duizend), Qatar (US$2,6 duizend). De sector van de diensten per hoofd in Frans-Polynesië was in 5,1 keer hoger dan de diensten per hoofd van de bevolking in de wereld ($506,9), en was 40,0% hoger dan de diensten per hoofd van de bevolking in Oceanië ($506,9).

De groei van de diensten in Frans-Polynesië bedroeg 5.3% in de jaren 1970, stond op de 84e plaats in de wereld, en was vergelijkbaar met Fiji (5,2%), Guatemala (5,3%). De groei van de diensten in Frans-Polynesië (5,3%) was groter dan de groei van de diensten in de wereld (4,1%), was groter dan de groei van de diensten in Oceanië (4,0%).

Vergelijking met buren. De waarde van de diensten in Frans-Polynesië was groter dan in Kiribati (US$6,2 miljoen) en in de Cook Eilanden (US$5,7 miljoen). De sector van de diensten per hoofd in Frans-Polynesië was groter dan in de Cook Eilanden (US$284,5) en in Kiribati (US$112,6). De groei van de diensten in Frans-Polynesië was groter dan in de Cook Eilanden (2,3%) en in Kiribati (-7,8%).

Vergelijking met leiders. De waarde van de diensten in Frans-Polynesië was minder dan in de Verenigde Staten (US$674,4 miljard), in de Sovjet-Unie (US$168,3 miljard), in Japan (US$153,8 miljard), in Duitsland (US$150,2 miljard) en in Frankrijk (US$121,8 miljard). De diensten per hoofd in Frans-Polynesië waren groter dan in Frankrijk (US$2,3 duizend), in Duitsland (US$1.907,6), in Japan (US$1.381,3) en in de Sovjet-Unie (US$667,3); maar minder dan in de Verenigde Staten (US$3,1 duizend). De groei van de diensten in Frans-Polynesië was groter dan in Duitsland (4,8%), in Frankrijk (3,9%), in de Verenigde Staten (3,3%) en in de Sovjet-Unie (0,90%); maar minder dan in Japan (5,9%).

de jaren 1980

De toegevoegde waarde van de diensten in Frans-Polynesië bedroeg in de jaren 1980 US$1,0 miljard per jaar, stond op de 98e plaats in de wereld, en was vergelijkbaar met Cyprus (US$1,0 miljard), Bolivia (US$1,0 miljard), El Salvador (US$1,0 miljard). Het aandeel in de wereld was 0,019%, en 1,0% in Oceanië.

Het aandeel van de diensten in de economie van Frans-Polynesië was 54,2% in de jaren 1980, stond op de 7e plaats in de wereld, en was vergelijkbaar met de Britse Maagdeneilanden (54,8%).

De toegevoegde waarde van de diensten per hoofd in Frans-Polynesië was $5.862,5 in de jaren 1980s, stond op de 13e plaats in de wereld, en was vergelijkbaar met Qatar (US$5,9 duizend), Noorwegen (US$5,8 duizend), Canada (US$5,7 duizend). De toegevoegde waarde van de diensten per hoofd in Frans-Polynesië was in 5,3 keer hoger dan de diensten per hoofd van de bevolking in de wereld ($1.115,5), en was 49,0% hoger dan de diensten per hoofd van de bevolking in Oceanië ($1.115,5).

De groei van de diensten in Frans-Polynesië bedroeg 6.4% in de jaren 1980, stond op de 31e plaats in de wereld, en was vergelijkbaar met de Sovjet-Unie (6,3%), Burkina Faso (6,3%), Pakistan (6,4%). De groei van de diensten in Frans-Polynesië (6,4%) was groter dan de groei van de diensten in de wereld (3,3%), was groter dan de groei van de diensten in Oceanië (4,0%).

Vergelijking met buren. De sector van de diensten in Frans-Polynesië was groter dan in de Cook Eilanden (US$15,9 miljoen) en in Kiribati (US$8,5 miljoen). De toegevoegde waarde van de diensten per hoofd in Frans-Polynesië was groter dan in de Cook Eilanden (US$901,4) en in Kiribati (US$132,2). De groei van de diensten in Frans-Polynesië was minder dan in Kiribati (14,5%) en in de Cook Eilanden (8,7%).

Vergelijking met leiders. De diensten van Frans-Polynesië waren minder dan in de Verenigde Staten (US$1,9 biljoen), in Japan (US$619,9 miljard), in Duitsland (US$362,2 miljard), in Frankrijk (US$294,5 miljard) en in het Verenigd Koninkrijk (US$265,4 miljard). De diensten per hoofd in Frans-Polynesië waren groter dan in Frankrijk (US$5,2 duizend), in Japan (US$5,1 duizend), in het Verenigd Koninkrijk (US$4,7 duizend) en in Duitsland (US$4,6 duizend); maar minder dan in de Verenigde Staten (US$7,8 duizend). De groei van de diensten in Frans-Polynesië was groter dan in Japan (4,8%), in het Verenigd Koninkrijk (3,3%), in Duitsland (3,1%), in de Verenigde Staten (2,8%) en in Frankrijk (2,3%).

de jaren 1990

De diensten van Frans-Polynesië bedroegen in de jaren 1990 US$2,1 miljard per jaar, stonden op de 99e plaats in de wereld, en waren vergelijkbaar met Papoea-Nieuw-Guinea (US$2,1 miljard), Ghana (US$2,0 miljard). Het aandeel in de wereld was 0,018%, en 1,1% in Oceanië.

Het aandeel van de diensten in de economie van Frans-Polynesië was 56,2% in de jaren 1990, stonden op de 5e plaats in de wereld, en was vergelijkbaar met de Britse Maagdeneilanden (56,3%).

De toegevoegde waarde van de diensten per hoofd in Frans-Polynesië was $9.458,8 in de jaren 1990s, stond op de 21e plaats in de wereld, en was vergelijkbaar met Noord-Europa (US$9,6 duizend). De sector van de diensten per hoofd in Frans-Polynesië was in 4,7 keer hoger dan de diensten per hoofd van de bevolking in de wereld ($2.014,6), en was 47,3% hoger dan de diensten per hoofd van de bevolking in Oceanië ($2.014,6).

De groei van de diensten in Frans-Polynesië bedroeg 1.9% in de jaren 1990, stond op de 142e plaats in de wereld, en was vergelijkbaar met Togo (1,9%), Bermuda (1,9%). De groei van de diensten in Frans-Polynesië (1,9%) was minder dan de groei van de diensten in de wereld (2,7%), was minder dan de groei van de diensten in Oceanië (3,6%).

Vergelijking met buren. De waarde van de diensten in Frans-Polynesië was groter dan in de Cook Eilanden (US$40,9 miljoen) en in Kiribati (US$23,0 miljoen). De diensten per hoofd in Frans-Polynesië waren groter dan in de Cook Eilanden (US$2,2 duizend) en in Kiribati (US$297,0). De groei van de diensten in Frans-Polynesië was minder dan in Kiribati (5,0%) en in de Cook Eilanden (2,2%).

Vergelijking met leiders. De diensten van Frans-Polynesië waren minder dan in de Verenigde Staten (US$3,8 biljoen), in Japan (US$1,6 biljoen), in Duitsland (US$908,0 miljard), in Frankrijk (US$628,2 miljard) en in het Verenigd Koninkrijk (US$592,3 miljard). De toegevoegde waarde van de diensten per hoofd in Frans-Polynesië was minder dan in de Verenigde Staten (US$14,4 duizend), in Japan (US$12,8 duizend), in Duitsland (US$11,3 duizend), in Frankrijk (US$10,6 duizend) en in het Verenigd Koninkrijk (US$10,2 duizend). De groei van de diensten in Frans-Polynesië was groter dan in Japan (1,7%) en in Frankrijk (1,6%); maar minder dan in Duitsland (3,2%), in het Verenigd Koninkrijk (3,0%) en in de Verenigde Staten (2,3%).

de jaren 2000

De sector van de diensten in Frans-Polynesië bedroeg in de jaren 2000 US$2,8 miljard per jaar, stond op de 114e plaats in de wereld, en was vergelijkbaar met Ethiopië (US$2,8 miljard), Bolivia (US$2,9 miljard), Nieuw-Caledonië (US$2,9 miljard). Het aandeel in de wereld was 0,014%, en 0,76% in Oceanië.

Het aandeel van de diensten in de economie van Frans-Polynesië was 58,2% in de jaren 2000, stond op de 7e plaats in de wereld, en was vergelijkbaar met Curaçao (58,1%).

De toegevoegde waarde van de diensten per hoofd in Frans-Polynesië was $11.013,7 in de jaren 2000s, stond op de 35e plaats in de wereld, en was vergelijkbaar met Sint Maarten (US$11,1 duizend), Oceanië (US$11,1 duizend), Aruba (US$11,2 duizend). De waarde van de diensten per hoofd in Frans-Polynesië was in 3,7 keer hoger dan de diensten per hoofd van de bevolking in de wereld ($3.011,2), en was 0,97% lager dan de diensten per hoofd van de bevolking in Oceanië ($3.011,2).

De groei van de diensten in Frans-Polynesië bedroeg 2.5% in de jaren 2000, stond op de 154e plaats in de wereld. De groei van de diensten in Frans-Polynesië (2,5%) was minder dan de groei van de diensten in de wereld (2,9%), was minder dan de groei van de diensten in Oceanië (3,2%).

Vergelijking met buren. De sector van de diensten in Frans-Polynesië was groter dan in de Cook Eilanden (US$65,6 miljoen) en in Kiribati (US$46,2 miljoen). De diensten per hoofd in Frans-Polynesië waren groter dan in de Cook Eilanden (US$3,5 duizend) en in Kiribati (US$501,9). De groei van de diensten in Frans-Polynesië was groter dan in Kiribati (2,3%); maar minder dan in de Cook Eilanden (4,0%).

Vergelijking met leiders. De waarde van de diensten in Frans-Polynesië was minder dan in de Verenigde Staten (US$6,7 biljoen), in Japan (US$2,0 biljoen), in Duitsland (US$1,2 biljoen), in het Verenigd Koninkrijk (US$1,1 biljoen) en in Frankrijk (US$997,0 miljard). De diensten per hoofd in Frans-Polynesië waren minder dan in de Verenigde Staten (US$22,9 duizend), in het Verenigd Koninkrijk (US$18,0 duizend), in Frankrijk (US$15,9 duizend), in Japan (US$15,3 duizend) en in Duitsland (US$15,0 duizend). De groei van de diensten in Frans-Polynesië was groter dan in de Verenigde Staten (2,0%), in Frankrijk (1,5%), in Japan (1,2%) en in Duitsland (0,57%); maar minder dan in het Verenigd Koninkrijk (2,7%).

de jaren 2010

De waarde van de diensten in Frans-Polynesië bedroeg in de jaren 2010 US$3,2 miljard per jaar, stond op de 140e plaats in de wereld, en was vergelijkbaar met Cambodja (US$3,1 miljard), Madagaskar (US$3,3 miljard). Het aandeel in de wereld was 0,0097%, en 0,40% in Oceanië.

Het aandeel van de diensten in de economie van Frans-Polynesië was 59,9% in de jaren 2010, stond op de 7e plaats in de wereld.

De waarde van de diensten per hoofd in Frans-Polynesië was $11.674,6 in de jaren 2010s, stond op de 42e plaats in de wereld, en was vergelijkbaar met Zuid-Europa (US$11,6 duizend). De diensten per hoofd in Frans-Polynesië waren in 2,6 keer hoger dan de diensten per hoofd van de bevolking in de wereld ($4.467,8), en waren 42,3% lager dan de diensten per hoofd van de bevolking in Oceanië ($4.467,8).

De groei van de diensten in Frans-Polynesië bedroeg 0.3% in de jaren 2010, stond op de 190e plaats in de wereld, en was vergelijkbaar met Portugal (0,34%). De groei van de diensten in Frans-Polynesië (0,34%) was minder dan de groei van de diensten in de wereld (2,7%), was minder dan de groei van de diensten in Oceanië (2,9%).

Vergelijking met buren. De toegevoegde waarde van de diensten in Frans-Polynesië was 26,8 keer groter dan in de Cook Eilanden (US$118,8 miljoen) en 37,7 keer groter dan in Kiribati (US$84,5 miljoen). De waarde van de diensten per hoofd in Frans-Polynesië was 74,7% groter dan in de Cook Eilanden (US$6,7 duizend) en 15,2 keer groter dan in Kiribati (US$766,3). De groei van de diensten in Frans-Polynesië was minder dan in Kiribati (2,5%) en in de Cook Eilanden (1,1%).

Vergelijking met leiders. De diensten van Frans-Polynesië waren 3.128,1 keer minder dan in de Verenigde Staten (US$10,0 biljoen), 1.114,5 keer minder dan in China (US$3,5 biljoen), 714,4 keer minder dan in Japan (US$2,3 biljoen), 505,1 keer minder dan in Duitsland (US$1,6 biljoen) en 425,9 keer minder dan in het Verenigd Koninkrijk (US$1,4 biljoen). De waarde van de diensten per hoofd in Frans-Polynesië was 4,6 keer groter dan in China (US$2,5 duizend); maar 2,7 keer minder dan in de Verenigde Staten (US$31,2 duizend), 43,5% minder dan in het Verenigd Koninkrijk (US$20,7 duizend), 40,5% minder dan in Duitsland (US$19,6 duizend) en 34,3% minder dan in Japan (US$17,8 duizend). De groei van de diensten in Frans-Polynesië was minder dan in China (8,4%), in de Verenigde Staten (1,8%), in het Verenigd Koninkrijk (1,7%), in Duitsland (1,2%) en in Japan (0,99%).

Part III. Externe betrekkingen

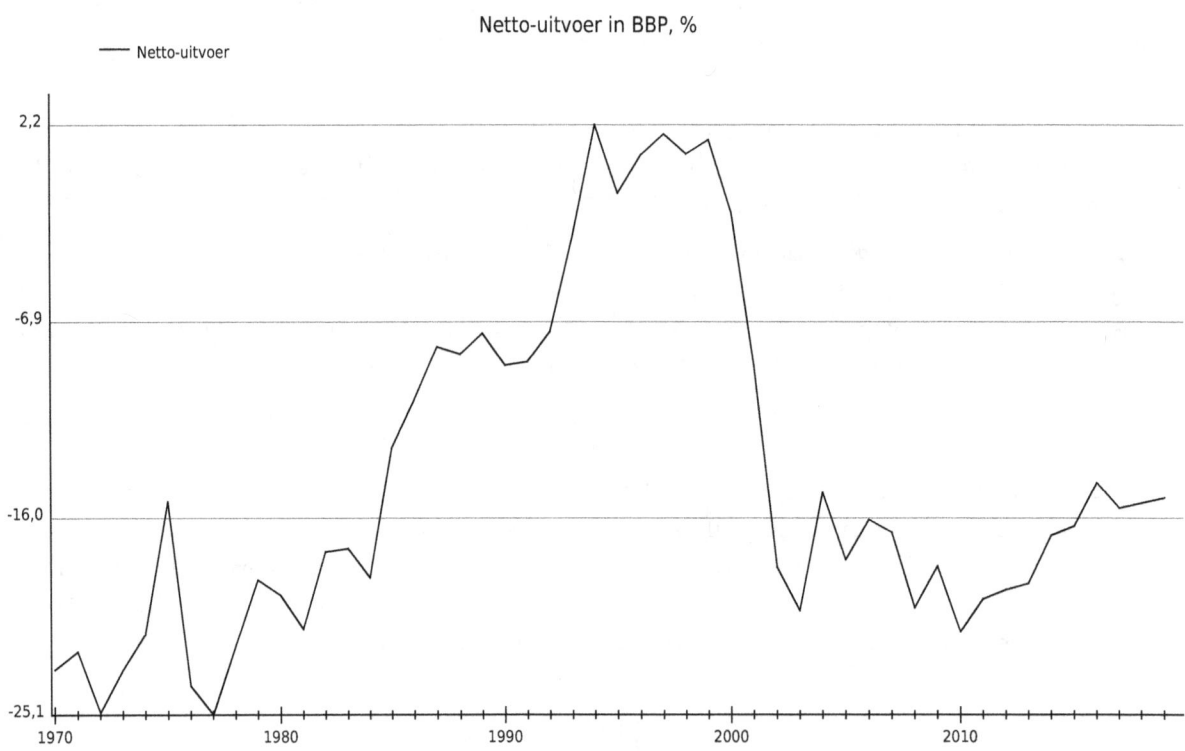

Netto-uitvoer in BBP, %

Hoofdstuk X. Uitvoer

Uitvoer van goederen en diensten

De waarde van de export in Frans-Polynesië steeg van US$124,7 miljoen per jaar in de jaren 1970 tot US$1,1 miljard per jaar in de jaren 2010, dat wil zeggen met US$1,0 miljard of 9,1 keer. De verandering vond plaats op US$791,6 miljoen als gevolg van een 3,3-voudige stijging van de prijzen, en ook op US$80,8 miljoen als gevolg van een 1,3-voudige toename van het tarief per hoofd , evenals op US$138,3 miljoen als gevolg van de toename van de bevolking. De gemiddelde jaarlijkse groei van de export is 2,1%. De minimumwaarde van de export bedroeg US$76,9 miljoen in 1970. De maximumwaarde van de export bedroeg US$1,3 miljard in 2007.

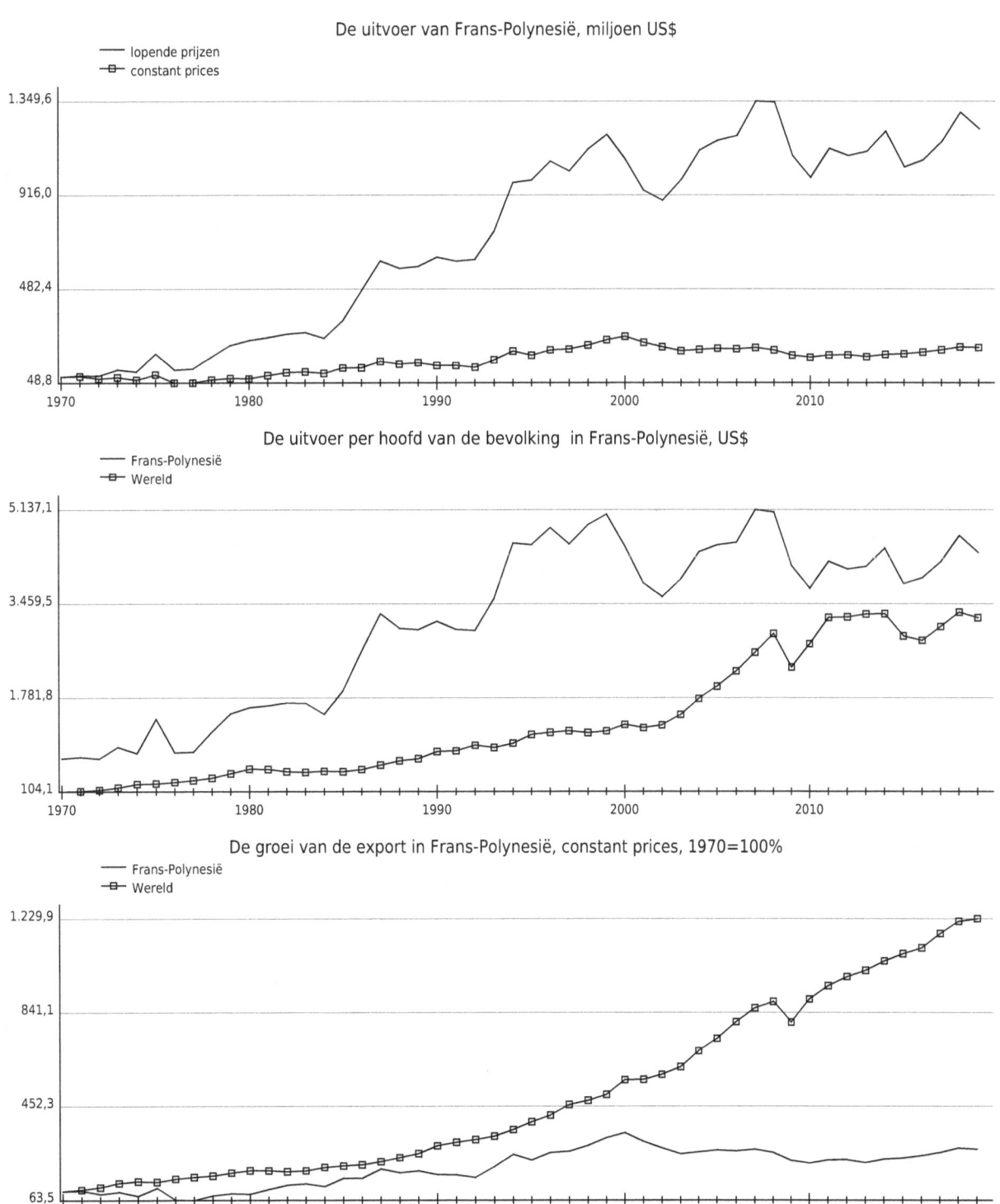

De uitvoer van Frans-Polynesië, miljoen US$

De uitvoer per hoofd van de bevolking in Frans-Polynesië, US$

De groei van de export in Frans-Polynesië, constant prices, 1970=100%

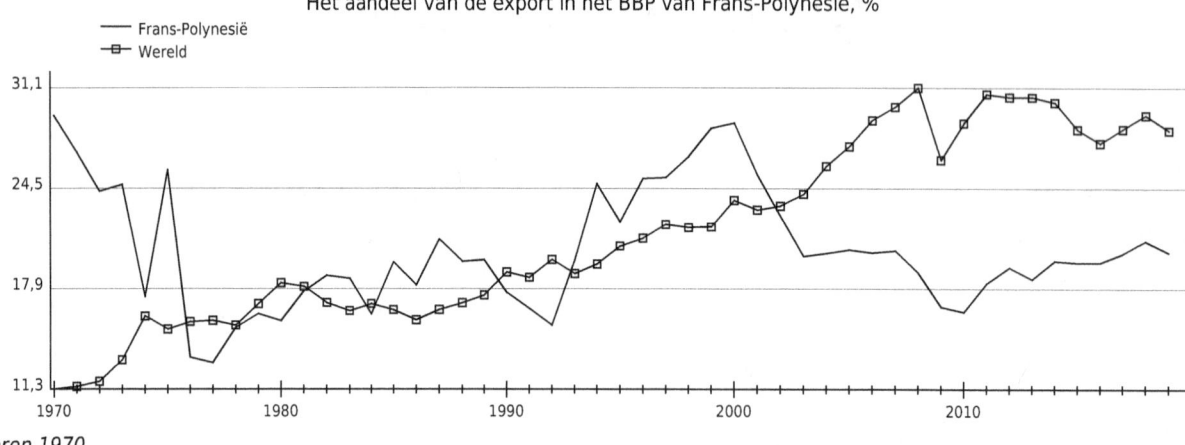

Het aandeel van de export in het BBP van Frans-Polynesië, %

de jaren 1970

De uitvoer van Frans-Polynesië bedroeg in de jaren 1970 US$124,7 miljoen per jaar, stond op de 134e plaats in de wereld, en was vergelijkbaar met Gambia (US$124,6 miljoen), Nepal (US$124,2 miljoen), Monaco (US$123,0 miljoen). Het aandeel in de wereld was 0,013%, en 0,66% in Oceanië.

Het aandeel van de export in het BBP van Frans-Polynesië was 18,4% in de jaren 1970, stond op de 127e plaats in de wereld, en was vergelijkbaar met Mali (18,5%).

De waarde van de export per hoofd in Frans-Polynesië was $965,0 in de jaren 1970s, stond op de 48e plaats in de wereld. De uitvoer per hoofd in Frans-Polynesië was in 4,0 keer hoger dan de export per hoofd van de bevolking in de wereld ($242,1), en was 9,3% hoger dan de export per hoofd van de bevolking in Oceanië ($242,1).

De groei van de export in Frans-Polynesië bedroeg -1.1% in de jaren 1970, stond op de 167e plaats in de wereld, en was vergelijkbaar met Madagaskar (-1,1%). De groei van de export in Frans-Polynesië (-1,1%) was minder dan de groei van de export in de wereld (6,5%), was minder dan de groei van de export in Oceanië (4,4%).

Vergelijking met buren. De waarde van de export in Frans-Polynesië was groter dan in Kiribati (US$30,0 miljoen) en in de Cook Eilanden (US$9,5 miljoen). De uitvoer per hoofd in Frans-Polynesië was groter dan in Kiribati (US$547,7) en in de Cook Eilanden (US$474,5). De groei van de export in Frans-Polynesië was minder dan in Kiribati (4,3%) en in de Cook Eilanden (0,078%).

Vergelijking met leiders. De waarde van de export in Frans-Polynesië was minder dan in de Verenigde Staten (US$128,0 miljard), in Duitsland (US$82,9 miljard), in Frankrijk (US$64,3 miljard), in Japan (US$64,1 miljard) en in het Verenigd Koninkrijk (US$61,3 miljard). De waarde van de export per hoofd in Frans-Polynesië was groter dan in de Verenigde Staten (US$586,5) en in Japan (US$575,8); maar minder dan in Frankrijk (US$1.199,1), in het Verenigd Koninkrijk (US$1.094,1) en in Duitsland (US$1.052,2). De groei van de export in Frans-Polynesië was minder dan in Japan (8,6%), in Frankrijk (7,8%), in de Verenigde Staten (6,8%), in Duitsland (5,1%) en in het Verenigd Koninkrijk (5,0%).

de jaren 1980

De uitvoer van Frans-Polynesië bedroeg in de jaren 1980 US$390,2 miljoen per jaar, stond op de 126e plaats in de wereld, en was vergelijkbaar met Gambia (US$389,4 miljoen), Haïti (US$397,5 miljoen), Oeganda (US$382,2 miljoen). Het aandeel in de wereld was 0,015%, en 0,89% in Oceanië.

Het aandeel van de export in het BBP van Frans-Polynesië was 18,8% in de jaren 1980, stond op de 127e plaats in de wereld, en was vergelijkbaar met Azië (18,7%).

De waarde van de export per hoofd in Frans-Polynesië was $2.234,9 in de jaren 1980s, stond op de 46e plaats in de wereld, en was vergelijkbaar met Oman (US$2,2 duizend). De uitvoer per hoofd in Frans-Polynesië was in 4,2 keer hoger dan de export per hoofd van de bevolking in de wereld ($529,9), en was 25,6% hoger dan de export per hoofd van de bevolking in Oceanië ($529,9).

De groei van de export in Frans-Polynesië bedroeg 7.4% in de jaren 1980, stond op de 36e plaats in de wereld, en was vergelijkbaar met Liechtenstein (7,4%), Zimbabwe (7,4%), Mongolië (7,5%). De groei van de export in Frans-Polynesië (7,4%) was groter dan de groei van de export in de wereld (3,8%), was groter dan de groei van de export in Oceanië (4,3%).

Vergelijking met buren. De waarde van de export in Frans-Polynesië was groter dan in de Cook Eilanden (US$27,3 miljoen) en in Kiribati (US$7,1 miljoen). De waarde van de export per hoofd in Frans-Polynesië was groter dan in de Cook Eilanden (US$1.554,4) en in Kiribati (US$111,3). De groei van de export in Frans-Polynesië was groter dan in de Cook Eilanden (-1,7%) en in Kiribati (-15,6%).

Vergelijking met leiders. De uitvoer van Frans-Polynesië was minder dan in de Verenigde Staten (US$338,6 miljard), in Japan (US$210,6 miljard), in Duitsland (US$208,1 miljard), in Frankrijk (US$155,9 miljard) en in het Verenigd Koninkrijk (US$155,0 miljard). De uitvoer per hoofd in Frans-Polynesië was groter dan in Japan (US$1.736,5) en in de Verenigde Staten (US$1.413,8); maar minder dan in Frankrijk (US$2,8 duizend), in het Verenigd Koninkrijk (US$2,7 duizend) en in Duitsland (US$2,7 duizend). De groei van de export in Frans-Polynesië was groter dan in Japan (6,7%), in de Verenigde Staten (5,7%), in Duitsland (4,7%), in Frankrijk (4,0%) en in het Verenigd Koninkrijk (3,0%).

de jaren 1990

De uitvoer van Frans-Polynesië bedroeg in de jaren 1990 US$898,6 miljoen per jaar, stond op de 132e plaats in de wereld, en was vergelijkbaar met Nepal (US$908,1 miljoen). Het aandeel in de wereld was 0,015%, en 0,99% in Oceanië.

Het aandeel van de export in het BBP van Frans-Polynesië was 22,4% in de jaren 1990, stond op de 138e plaats in de wereld, en was vergelijkbaar met Lesotho (22,4%), Congo-Kinshasa (22,2%), Benin (22,2%).

De uitvoer per hoofd in Frans-Polynesië was $4.139,7 in de jaren 1990s, stond op de 45e plaats in de wereld. De uitvoer per hoofd in Frans-Polynesië was in 4,0 keer hoger dan de export per hoofd van de bevolking in de wereld ($1.029,5), en was 31,4% hoger dan de export per hoofd van de bevolking in Oceanië ($1.029,5).

De groei van de export in Frans-Polynesië bedroeg 5.7% in de jaren 1990, stond op de 87e plaats in de wereld, en was vergelijkbaar met West-Europa (5,7%), Ivoorkust (5,7%), Noorwegen (5,7%). De groei van de export in Frans-Polynesië (5,7%) was minder dan de groei van de export in de wereld (6,9%), was minder dan de groei van de export in Oceanië (7,2%).

Vergelijking met buren. De uitvoer van Frans-Polynesië was groter dan in de Cook Eilanden (US$54,2 miljoen) en in Kiribati (US$8,8 miljoen). De uitvoer per hoofd in Frans-Polynesië was groter dan in de Cook Eilanden (US$2,9 duizend) en in Kiribati (US$113,9). De groei van de export in Frans-Polynesië was groter dan in Kiribati (-2,2%); maar minder dan in de Cook Eilanden (7,9%).

Vergelijking met leiders. De uitvoer van Frans-Polynesië was minder dan in de Verenigde Staten (US$773,6 miljard), in Duitsland (US$509,0 miljard), in Japan (US$418,7 miljard), in Frankrijk (US$329,8 miljard) en in het Verenigd Koninkrijk (US$324,3 miljard). De waarde van de export per hoofd in Frans-Polynesië was groter dan in Japan (US$3,3 duizend) en in de Verenigde Staten (US$2,9 duizend); maar minder dan in Duitsland (US$6,3 duizend), in het Verenigd Koninkrijk (US$5,6 duizend) en in Frankrijk (US$5,6 duizend). De groei van de export in Frans-Polynesië was groter dan in Japan (4,2%); maar minder dan in de Verenigde Staten (7,2%), in Frankrijk (6,5%), in Duitsland (6,0%) en in het Verenigd Koninkrijk (5,7%).

de jaren 2000

De waarde van de export in Frans-Polynesië bedroeg in de jaren 2000 US$1,1 miljard per jaar, stond op de 152e plaats in de wereld. Het aandeel in de wereld was 0,0089%, en 0,61% in Oceanië.

Het aandeel van de export in het BBP van Frans-Polynesië was 20,8% in de jaren 2000, stond op de 169e plaats in de wereld.

De uitvoer per hoofd in Frans-Polynesië was $4.370,5 in de jaren 2000s, stond op de 67e plaats in de wereld, en was vergelijkbaar met Saint Kitts en Nevis (US$4,3 duizend). De uitvoer per hoofd in Frans-Polynesië was in 2,3 keer hoger dan de export per hoofd van de bevolking in de wereld ($1.933,7), en was 20,5% lager dan de export per hoofd van de bevolking in Oceanië ($1.933,7).

De groei van de export in Frans-Polynesië bedroeg -3.4% in de jaren 2000, stond op de 200e plaats in de wereld. De groei van de export in Frans-Polynesië (-3,4%) was minder dan de groei van de export in de wereld (4,8%), was minder dan de groei van de export in Oceanië (3,0%).

Vergelijking met buren. De waarde van de export in Frans-Polynesië was groter dan in de Cook Eilanden (US$127,4 miljoen) en in Kiribati (US$15,0 miljoen). De waarde van de export per hoofd in Frans-Polynesië was groter dan in Kiribati (US$163,1); maar minder dan in de Cook Eilanden (US$6,8 duizend). De groei van de export in Frans-Polynesië was minder dan in de Cook Eilanden (6,1%) en in Kiribati (3,4%).

Vergelijking met leiders. De uitvoer van Frans-Polynesië was minder dan in de Verenigde Staten (US$1,3 biljoen), in Duitsland (US$1,0 biljoen), in China (US$780,2 miljard), in Japan (US$626,3 miljard) en in het Verenigd Koninkrijk (US$591,1 miljard). De waarde van de export per hoofd in Frans-Polynesië was groter dan in China (US$588,1); maar minder dan in Duitsland (US$12,8 duizend), in het Verenigd Koninkrijk (US$9,8 duizend), in Japan (US$4,9 duizend) en in de Verenigde Staten (US$4,5 duizend). De groei van de export in Frans-Polynesië was minder dan in China (12,7%), in Duitsland (5,0%), in Japan (3,5%), in de Verenigde Staten (3,3%) en in het Verenigd Koninkrijk (2,8%).

de jaren 2010

De waarde van de export in Frans-Polynesië bedroeg in de jaren 2010 US$1,1 miljard per jaar, stond op de 172e plaats in de wereld, en was vergelijkbaar met de Seychellen (US$1,2 miljard). Het aandeel in de wereld was 0,0050%, en 0,30% in Oceanië.

Het aandeel van de export in het BBP van Frans-Polynesië was 19,3% in de jaren 2010, stond op de 175e plaats in de wereld.

De waarde van de export per hoofd in Frans-Polynesië was $4.165,2 in de jaren 2010s, stond op de 82e plaats in de wereld, en was vergelijkbaar met Thailand (US$4,2 duizend), Amerika (US$4,2 duizend), Wit-Rusland (US$4,2 duizend). De waarde van de export per hoofd in Frans-Polynesië was 34,4% hoger dan de export per hoofd van de bevolking in de wereld ($3.098,9), en was in 2,3 keer lager dan de export per hoofd van de bevolking in Oceanië ($3.098,9).

De groei van de export in Frans-Polynesië bedroeg 1.9% in de jaren 2010, stond op de 161e plaats in de wereld, en was vergelijkbaar met Kazachstan (1,9%). De groei van de export in Frans-Polynesië (1,9%) was minder dan de groei van de export in de wereld (4,4%), was minder dan de groei van de export in Oceanië (3,9%).

Vergelijking met buren. De waarde van de export in Frans-Polynesië was 4,3 keer groter dan in de Cook Eilanden (US$265,5 miljoen) en 46,2 keer groter dan in Kiribati (US$24,6 miljoen). De waarde van de export per hoofd in Frans-Polynesië was 18,7 keer groter dan in Kiribati (US$222,9); maar 3,6 keer minder dan in de Cook Eilanden (US$14,9 duizend). De groei van de export in Frans-Polynesië was groter dan in Kiribati (-1,6%); maar minder dan in de Cook Eilanden (4,7%).

Vergelijking met leiders. De waarde van de export in Frans-Polynesië was 2.019,8 keer minder dan in China (US$2,3 biljoen), 1.999,0 keer minder dan in de Verenigde Staten (US$2,3 biljoen), 1.482,5 keer minder dan in Duitsland (US$1,7 biljoen), 756,9 keer minder dan in Japan (US$859,4 miljard) en 717,9 keer minder dan in het Verenigd Koninkrijk (US$815,1 miljard). De waarde van de export per hoofd in Frans-Polynesië was 2,5 keer groter dan in China (US$1.635,3); maar 4,9 keer minder dan in Duitsland (US$20,6 duizend), 3,0 keer minder dan in het Verenigd Koninkrijk (US$12,4 duizend), 41,4% minder dan in de Verenigde Staten (US$7,1 duizend) en 38,0% minder dan in Japan (US$6,7 duizend). De groei van de export in Frans-Polynesië was minder dan in China (6,8%), in Duitsland (4,7%), in Japan (4,6%), in de Verenigde Staten (3,7%) en in het Verenigd Koninkrijk (3,1%).

Hoofdstuk XI. Invoer

Invoer van goederen en diensten

De waarde van de invoer in Frans-Polynesië steeg van US$270,6 miljoen per jaar in de jaren 1970 tot US$2,2 miljard per jaar in de jaren 2010, dat wil zeggen met US$1,9 miljard of 8,0 keer. De verandering vond plaats op US$1,5 miljard als gevolg van een 3,4-voudige stijging van de prijzen, en ook op US$64,7 miljoen als gevolg van een 1,1-voudige toename van het tarief per hoofd , evenals op US$300,1 miljoen als gevolg van de toename van de bevolking. De gemiddelde jaarlijkse groei van de invoer is 2,0%. De minimumwaarde van de invoer bedroeg US$137,4 miljoen in 1970. De maximumwaarde van de invoer bedroeg US$2,8 miljard in 2008.

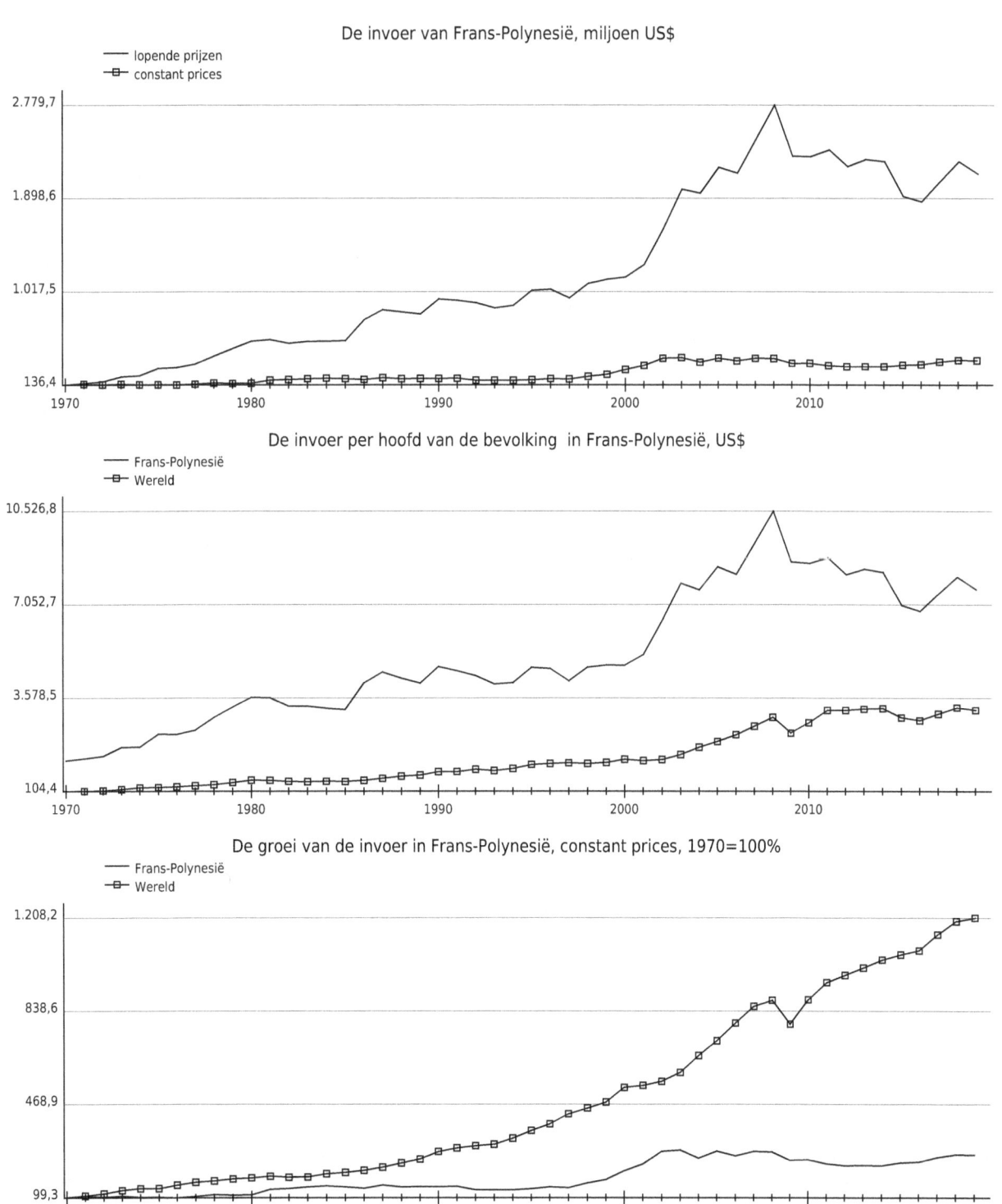

De invoer van Frans-Polynesië, miljoen US$
— lopende prijzen
-□- constant prices

De invoer per hoofd van de bevolking in Frans-Polynesië, US$
— Frans-Polynesië
-□- Wereld

De groei van de invoer in Frans-Polynesië, constant prices, 1970=100%
— Frans-Polynesië
-□- Wereld

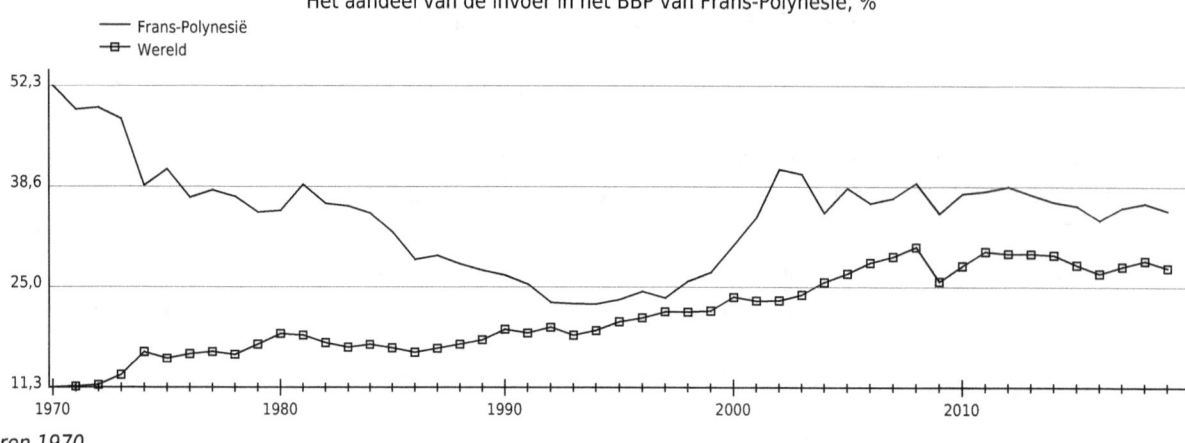

Het aandeel van de invoer in het BBP van Frans-Polynesië, %

de jaren 1970

De invoer van Frans-Polynesië bedroeg in de jaren 1970 US$270,6 miljoen per jaar, stond op de 123e plaats in de wereld, en was vergelijkbaar met Malawi (US$271,7 miljoen), Fiji (US$272,3 miljoen), Guinee (US$276,3 miljoen). Het aandeel in de wereld was 0,027%, en 1,4% in Oceanië.

Het aandeel van de invoer in het BBP van Frans-Polynesië was 39,9% in de jaren 1970, stond op de 75e plaats in de wereld, en was vergelijkbaar met Papoea-Nieuw-Guinea (40,1%), Zwitserland (40,2%).

De invoer per hoofd in Frans-Polynesië was $2.093,7 in de jaren 1970s, stond op de 26e plaats in de wereld, en was vergelijkbaar met Puerto Rico (US$2,1 duizend). De waarde van de invoer per hoofd in Frans-Polynesië was in 8,6 keer hoger dan de invoer per hoofd van de bevolking in de wereld ($244,3), en was in 2,3 keer hoger dan de invoer per hoofd van de bevolking in Oceanië ($244,3).

De groei van de invoer in Frans-Polynesië bedroeg 1% in de jaren 1970, stond op de 159e plaats in de wereld. De groei van de invoer in Frans-Polynesië (1,0%) was minder dan de groei van de invoer in de wereld (6,3%), was minder dan de groei van de invoer in Oceanië (2,8%).

Vergelijking met buren. De invoer van Frans-Polynesië was groter dan in Kiribati (US$19,2 miljoen) en in de Cook Eilanden (US$18,4 miljoen). De waarde van de invoer per hoofd in Frans-Polynesië was groter dan in de Cook Eilanden (US$916,2) en in Kiribati (US$350,6). De groei van de invoer in Frans-Polynesië was minder dan in Kiribati (6,7%) en in de Cook Eilanden (2,0%).

Vergelijking met leiders. De waarde van de invoer in Frans-Polynesië was minder dan in de Verenigde Staten (US$133,2 miljard), in Duitsland (US$92,5 miljard), in Frankrijk (US$63,3 miljard), in het Verenigd Koninkrijk (US$62,4 miljard) en in Japan (US$61,0 miljard). De waarde van de invoer per hoofd in Frans-Polynesië was groter dan in Frankrijk (US$1.181,1), in Duitsland (US$1.175,1), in het Verenigd Koninkrijk (US$1.113,2), in de Verenigde Staten (US$610,4) en in Japan (US$547,6). De groei van de invoer in Frans-Polynesië was minder dan in Frankrijk (7,2%), in Japan (7,0%), in Duitsland (5,6%), in de Verenigde Staten (5,1%) en in het Verenigd Koninkrijk (4,5%).

de jaren 1980

De invoer van Frans-Polynesië bedroeg in de jaren 1980 US$653,3 miljoen per jaar, stond op de 115e plaats in de wereld, en was vergelijkbaar met Togo (US$653,6 miljoen), Mauritanië (US$652,9 miljoen), Guinee (US$649,8 miljoen). Het aandeel in de wereld was 0,025%, en 1,3% in Oceanië.

Het aandeel van de invoer in het BBP van Frans-Polynesië was 31,6% in de jaren 1980, stond op de 102e plaats in de wereld, en was vergelijkbaar met Tsjaad (31,4%).

De invoer per hoofd in Frans-Polynesië was $3.741,6 in de jaren 1980s, stond op de 32e plaats in de wereld, en was vergelijkbaar met West-Europa (US$3,8 duizend), Canada (US$3,7 duizend), Brunei (US$3,7 duizend). De invoer per hoofd in Frans-Polynesië was in 6,9 keer hoger dan de invoer per hoofd van de bevolking in de wereld ($539,1), en was 88,2% hoger dan de invoer per hoofd van de bevolking in Oceanië ($539,1).

De groei van de invoer in Frans-Polynesië bedroeg 2.7% in de jaren 1980, stond op de 101e plaats in de wereld. De groei van de invoer in Frans-Polynesië (2,7%) was minder dan de groei van de invoer in de wereld (3,8%), was minder dan de groei van de invoer in Oceanië (5,7%).

Vergelijking met buren. De waarde van de invoer in Frans-Polynesië was groter dan in Kiribati (US$42,4 miljoen) en in de Cook Eilanden (US$37,0 miljoen). De waarde van de invoer per hoofd in Frans-Polynesië was groter dan in de Cook Eilanden (US$2,1 duizend) en in Kiribati (US$660,4). De groei van de invoer in Frans-Polynesië was groter dan in de Cook Eilanden (-0,30%); maar minder dan in Kiribati (2,8%).

Vergelijking met leiders. De waarde van de invoer in Frans-Polynesië was minder dan in de Verenigde Staten (US$417,2 miljard), in Duitsland (US$225,6 miljard), in Japan (US$175,9 miljard), in Frankrijk (US$162,0 miljard) en in het Verenigd Koninkrijk (US$157,7 miljard). De waarde van de invoer per hoofd in Frans-Polynesië was groter dan in Duitsland (US$2,9 duizend), in Frankrijk (US$2,9 duizend), in het Verenigd Koninkrijk (US$2,8 duizend), in de Verenigde Staten (US$1.742,4) en in Japan (US$1.450,4). De groei van de invoer in Frans-Polynesië was minder dan in de Verenigde Staten (5,8%), in het Verenigd Koninkrijk (5,1%), in Japan (4,6%), in Frankrijk (4,3%) en in Duitsland (3,3%).

de jaren 1990

De waarde van de invoer in Frans-Polynesië bedroeg in de jaren 1990 US$979,7 miljoen per jaar, stond op de 144e plaats in de wereld, en was vergelijkbaar met Cambodja (US$983,3 miljoen), Barbados (US$1,0 miljard). Het aandeel in de wereld was 0,017%, en 1,0% in Oceanië.

Het aandeel van de invoer in het BBP van Frans-Polynesië was 24,4% in de jaren 1990, stond op de 162e plaats in de wereld, en was vergelijkbaar met Polen (24,4%), Rwanda (24,5%), Algerije (24,3%).

De waarde van de invoer per hoofd in Frans-Polynesië was $4.513,2 in de jaren 1990s, stond op de 45e plaats in de wereld. De invoer per hoofd in Frans-Polynesië was in 4,4 keer hoger dan de invoer per hoofd van de bevolking in de wereld ($1.015,5), en was 39,1% hoger dan de invoer per hoofd van de bevolking in Oceanië ($1.015,5).

De groei van de invoer in Frans-Polynesië bedroeg 1.8% in de jaren 1990, stond op de 149e plaats in de wereld, en was vergelijkbaar met Gambia (1,8%), Koeweit (1,8%). De groei van de invoer in Frans-Polynesië (1,8%) was minder dan de groei van de invoer in de wereld (6,6%), was minder dan de groei van de invoer in Oceanië (6,2%).

Vergelijking met buren. De waarde van de invoer in Frans-Polynesië was groter dan in de Cook Eilanden (US$52,3 miljoen) en in Kiribati (US$39,7 miljoen). De invoer per hoofd in Frans-Polynesië was groter dan in de Cook Eilanden (US$2,8 duizend) en in Kiribati (US$512,6). De groei van de invoer in Frans-Polynesië was groter dan in de Cook Eilanden (-1,7%) en in Kiribati (-6,5%).

Vergelijking met leiders. De waarde van de invoer in Frans-Polynesië was minder dan in de Verenigde Staten (US$874,1 miljard), in Duitsland (US$501,6 miljard), in Japan (US$355,9 miljard), in het Verenigd Koninkrijk (US$330,2 miljard) en in Frankrijk (US$308,5 miljard). De invoer per hoofd in Frans-Polynesië was groter dan in de Verenigde Staten (US$3,3 duizend) en in Japan (US$2,8 duizend); maar minder dan in Duitsland (US$6,2 duizend), in het Verenigd Koninkrijk (US$5,7 duizend) en in Frankrijk (US$5,2 duizend). De groei van de invoer in Frans-Polynesië was minder dan in de Verenigde Staten (8,3%), in Duitsland (6,4%), in Frankrijk (5,1%), in het Verenigd Koninkrijk (5,1%) en in Japan (3,3%).

de jaren 2000

De waarde van de invoer in Frans-Polynesië bedroeg in de jaren 2000 US$2,0 miljard per jaar, stond op de 142e plaats in de wereld, en was vergelijkbaar met Tadzjikistan (US$2,0 miljard), Swaziland (US$2,0 miljard), Mali (US$2,0 miljard). Het aandeel in de wereld was 0,016%, en 1,0% in Oceanië.

Het aandeel van de invoer in het BBP van Frans-Polynesië was 36,9% in de jaren 2000, stond op de 128e plaats in de wereld, en was vergelijkbaar met Portugal (37,0%), Israël (37,2%).

De waarde van de invoer per hoofd in Frans-Polynesië was $7.756,6 in de jaren 2000s, stond op de 46e plaats in de wereld, en was vergelijkbaar met Australië (US$7,6 duizend), Italië (US$7,6 duizend). De invoer per hoofd in Frans-Polynesië was in 4,1 keer hoger dan de invoer per hoofd van de bevolking in de wereld ($1.899,9), en was 32,7% hoger dan de invoer per hoofd van de bevolking in Oceanië ($1.899,9).

De groei van de invoer in Frans-Polynesië bedroeg 3.8% in de jaren 2000, stond op de 123e plaats in de wereld, en was vergelijkbaar met Angola (3,8%), Swaziland (3,8%), Noord-Europa (3,8%). De groei van de invoer in Frans-Polynesië (3,8%) was minder dan de groei van de invoer in de wereld (5,1%), was minder dan de groei van de invoer in Oceanië (6,6%).

Vergelijking met buren. De waarde van de invoer in Frans-Polynesië was groter dan in de Cook Eilanden (US$106,7 miljoen) en in

Kiribati (US$96,9 miljoen). De waarde van de invoer per hoofd in Frans-Polynesië was groter dan in de Cook Eilanden (US$5,7 duizend) en in Kiribati (US$1.053,5). De groei van de invoer in Frans-Polynesië was groter dan in de Cook Eilanden (2,7%); maar minder dan in Kiribati (6,7%).

Vergelijking met leiders. De invoer van Frans-Polynesië was minder dan in de Verenigde Staten (US$1,9 biljoen), in Duitsland (US$914,7 miljard), in het Verenigd Koninkrijk (US$641,8 miljard), in China (US$641,1 miljard) en in Japan (US$566,4 miljard). De waarde van de invoer per hoofd in Frans-Polynesië was groter dan in de Verenigde Staten (US$6,4 duizend), in Japan (US$4,4 duizend) en in China (US$483,3); maar minder dan in Duitsland (US$11,2 duizend) en in het Verenigd Koninkrijk (US$10,6 duizend). De groei van de invoer in Frans-Polynesië was groter dan in Duitsland (3,7%), in het Verenigd Koninkrijk (3,1%), in de Verenigde Staten (2,8%) en in Japan (1,8%); maar minder dan in China (15,1%).

de jaren 2010

De invoer van Frans-Polynesië bedroeg in de jaren 2010 US$2,2 miljard per jaar, stond op de 166e plaats in de wereld, en was vergelijkbaar met Barbados (US$2,2 miljard). Het aandeel in de wereld was 0,0098%, en 0,57% in Oceanië.

Het aandeel van de invoer in het BBP van Frans-Polynesië was 36,6% in de jaren 2010, stond op de 132e plaats in de wereld.

De invoer per hoofd in Frans-Polynesië was $7.913,2 in de jaren 2010s, stond op de 64e plaats in de wereld, en was vergelijkbaar met Antigua en Barbuda (US$8,0 duizend). De invoer per hoofd in Frans-Polynesië was in 2,6 keer hoger dan de invoer per hoofd van de bevolking in de wereld ($3.015,6), en was 17,3% lager dan de invoer per hoofd van de bevolking in Oceanië ($3.015,6).

De groei van de invoer in Frans-Polynesië bedroeg 0.8% in de jaren 2010, stond op de 185e plaats in de wereld. De groei van de invoer in Frans-Polynesië (0,82%) was minder dan de groei van de invoer in de wereld (4,4%), was minder dan de groei van de invoer in Oceanië (5,7%).

Vergelijking met buren. De waarde van de invoer in Frans-Polynesië was 11,5 keer groter dan in de Cook Eilanden (US$187,0 miljoen) en 12,6 keer groter dan in Kiribati (US$171,8 miljoen). De invoer per hoofd in Frans-Polynesië was 5,1 keer groter dan in Kiribati (US$1.558,7); maar 24,8% minder dan in de Cook Eilanden (US$10,5 duizend). De groei van de invoer in Frans-Polynesië was minder dan in de Cook Eilanden (3,4%) en in Kiribati (2,6%).

Vergelijking met leiders. De waarde van de invoer in Frans-Polynesië was 1.306,0 keer minder dan in de Verenigde Staten (US$2,8 biljoen), 959,2 keer minder dan in China (US$2,1 biljoen), 674,4 keer minder dan in Duitsland (US$1,5 biljoen), 407,0 keer minder dan in Japan (US$877,9 miljard) en 396,3 keer minder dan in het Verenigd Koninkrijk (US$854,8 miljard). De waarde van de invoer per hoofd in Frans-Polynesië was 15,3% groter dan in Japan (US$6,9 duizend) en 5,4 keer groter dan in China (US$1.475,4); maar 2,2 keer minder dan in Duitsland (US$17,8 duizend), 39,3% minder dan in het Verenigd Koninkrijk (US$13,0 duizend) en 10,3% minder dan in de Verenigde Staten (US$8,8 duizend). De groei van de invoer in Frans-Polynesië was minder dan in China (8,2%), in Duitsland (4,8%), in de Verenigde Staten (4,4%), in Japan (3,8%) en in het Verenigd Koninkrijk (3,6%).

Part IV. Verbruik

Hoofdstuk XII. Overheidsuitgaven

Consumptie-uitgaven van de overheid

De overheidsuitgaven van Frans-Polynesië steeg van US$196,3 miljoen per jaar in de jaren 1970 tot US$1,9 miljard per jaar in de jaren 2010, dat wil zeggen met US$1,7 miljard of 9,6 keer. De verandering vond plaats op US$1,3 miljard als gevolg van een 3,2-voudige stijging van de prijzen, en ook op US$180,3 miljoen als gevolg van een 1,4-voudige toename van het tarief per hoofd , evenals op US$217,7 miljoen als gevolg van de toename van de bevolking. De gemiddelde jaarlijkse groei van de overheidsuitgaven is 2,8%. De minimumwaarde van de overheidsuitgaven bedroeg US$84,7 miljoen in 1970. De maximumwaarde van de overheidsuitgaven bedroeg US$2,3 miljard in 2008.

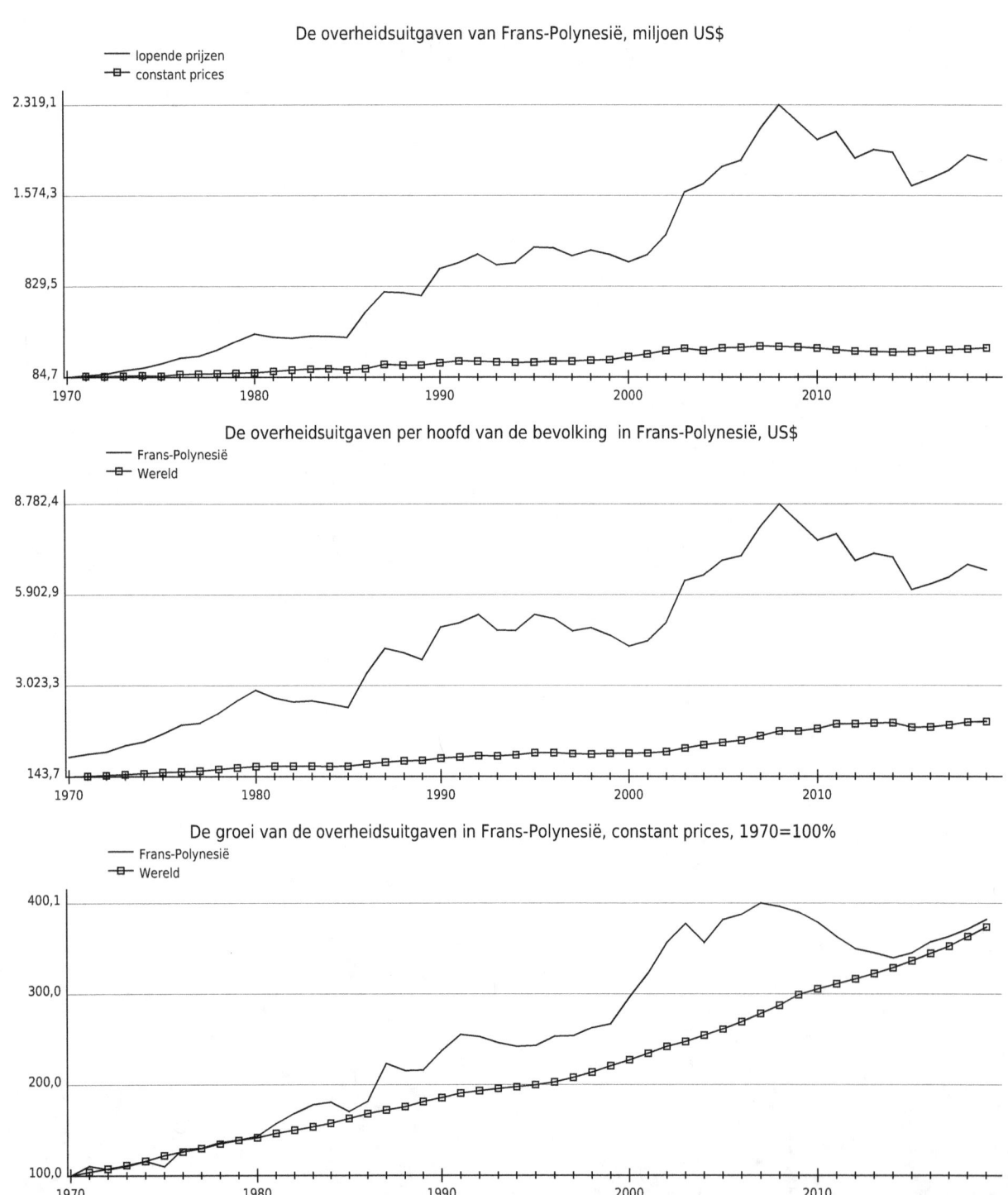

De overheidsuitgaven van Frans-Polynesië, miljoen US$

De overheidsuitgaven per hoofd van de bevolking in Frans-Polynesië, US$

De groei van de overheidsuitgaven in Frans-Polynesië, constant prices, 1970=100%

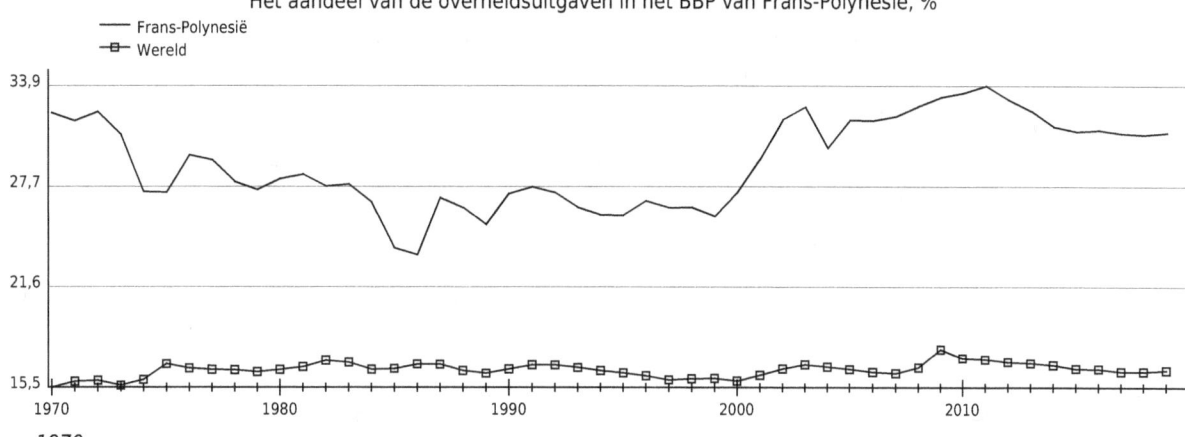

Het aandeel van de overheidsuitgaven in het BBP van Frans-Polynesië, %

de jaren 1970

De overheidsuitgaven van Frans-Polynesië bedroeg in de jaren 1970 US$196,3 miljoen per jaar, stond op de 101e plaats in de wereld. Het aandeel in de wereld was 0,018%, en 1,00% in Oceanië.

Het aandeel van de overheidsuitgaven in het BBP van Frans-Polynesië was 28,9% in de jaren 1970, stond op de 16e plaats in de wereld, en was vergelijkbaar met Mauritanië (29,0%), Angola (28,7%).

De overheidsuitgaven per hoofd in Frans-Polynesië was $1.518,7 in de jaren 1970s, stond op de 8e plaats in de wereld, en was vergelijkbaar met de Nederland (US$1.533,7), Israël (US$1.488,1). De overheidsuitgaven per hoofd in Frans-Polynesië was in 5,7 keer hoger dan de overheidsuitgaven per hoofd van de bevolking in de wereld ($265,2), en was 64,9% hoger dan de overheidsuitgaven per hoofd van de bevolking in Oceanië ($265,2).

De groei van de overheidsuitgaven in Frans-Polynesië bedroeg 3.8% in de jaren 1970, stond op de 129e plaats in de wereld. De groei van de overheidsuitgaven in Frans-Polynesië (3,8%) was groter dan de groei van de overheidsuitgaven in de wereld (3,7%), was minder dan de groei van de overheidsuitgaven in Oceanië (3,9%).

Vergelijking met buren. De overheidsuitgaven van Frans-Polynesië was groter dan in Kiribati (US$10,3 miljoen) en in de Cook Eilanden (US$6,6 miljoen). De overheidsuitgaven per hoofd in Frans-Polynesië was groter dan in de Cook Eilanden (US$326,9) en in Kiribati (US$188,3). De groei van de overheidsuitgaven in Frans-Polynesië was groter dan in Kiribati (-0,24%); maar minder dan in de Cook Eilanden (3,9%).

Vergelijking met leiders. De overheidsuitgaven van Frans-Polynesië was minder dan in de Verenigde Staten (US$285,9 miljard), in de Sovjet-Unie (US$117,3 miljard), in Duitsland (US$95,6 miljard), in Japan (US$78,0 miljard) en in Frankrijk (US$64,5 miljard). De overheidsuitgaven per hoofd in Frans-Polynesië was groter dan in de Verenigde Staten (US$1.310,2), in Duitsland (US$1.213,7), in Frankrijk (US$1.202,3), in Japan (US$700,2) en in de Sovjet-Unie (US$465,0). De groei van de overheidsuitgaven in Frans-Polynesië was groter dan in de Verenigde Staten (0,94%); maar minder dan in de Sovjet-Unie (7,2%), in Japan (5,3%), in Frankrijk (5,0%) en in Duitsland (4,4%).

de jaren 1980

De overheidsuitgaven van Frans-Polynesië bedroeg in de jaren 1980 US$545,1 miljoen per jaar, stond op de 100e plaats in de wereld, en was vergelijkbaar met Jamaica (US$556,9 miljoen), de Dominicaanse Republiek (US$557,4 miljoen). Het aandeel in de wereld was 0,022%, en 1,1% in Oceanië.

Het aandeel van de overheidsuitgaven in het BBP van Frans-Polynesië was 26,3% in de jaren 1980, stond op de 29e plaats in de wereld, en was vergelijkbaar met Polynesië (26,3%), Zambia (26,2%).

De overheidsuitgaven per hoofd in Frans-Polynesië was $3.122,0 in de jaren 1980s, stond op de 11e plaats in de wereld, en was vergelijkbaar met IJsland (US$3,1 duizend). De overheidsuitgaven per hoofd in Frans-Polynesië was in 6,0 keer hoger dan de overheidsuitgaven per hoofd van de bevolking in de wereld ($523,5), en was 63,1% hoger dan de overheidsuitgaven per hoofd van de bevolking in Oceanië ($523,5).

De groei van de overheidsuitgaven in Frans-Polynesië bedroeg 4.5% in de jaren 1980, stond op de 64e plaats in de wereld, en was vergelijkbaar met Thailand (4,5%), Burundi (4,5%). De groei van de overheidsuitgaven in Frans-Polynesië (4,5%) was groter dan de groei van de overheidsuitgaven in de wereld (2,7%), was groter dan de groei van de overheidsuitgaven in Oceanië (3,4%).

Vergelijking met buren. De overheidsuitgaven van Frans-Polynesië was groter dan in de Cook Eilanden (US$17,6 miljoen) en in Kiribati (US$15,2 miljoen). De overheidsuitgaven per hoofd in Frans-Polynesië was groter dan in de Cook Eilanden (US$999,0) en in Kiribati (US$236,9). De groei van de overheidsuitgaven in Frans-Polynesië was groter dan in de Cook Eilanden (3,3%) en in Kiribati (2,2%).

Vergelijking met leiders. De overheidsuitgaven van Frans-Polynesië was minder dan in de Verenigde Staten (US$665,3 miljard), in Japan (US$257,4 miljard), in Duitsland (US$203,7 miljard), in de Sovjet-Unie (US$181,1 miljard) en in Frankrijk (US$159,8 miljard). De overheidsuitgaven per hoofd in Frans-Polynesië was groter dan in Frankrijk (US$2,8 duizend), in de Verenigde Staten (US$2,8 duizend), in Duitsland (US$2,6 duizend), in Japan (US$2,1 duizend) en in de Sovjet-Unie (US$658,0). De groei van de overheidsuitgaven in Frans-Polynesië was groter dan in Japan (3,5%), in Frankrijk (2,8%), in de Verenigde Staten (2,6%) en in Duitsland (0,98%); maar minder dan in de Sovjet-Unie (5,4%).

de jaren 1990

De overheidsuitgaven van Frans-Polynesië bedroeg in de jaren 1990 US$1,1 miljard per jaar, stond op de 95e plaats in de wereld, en was vergelijkbaar met Gabon (US$1,1 miljard), Sri Lanka (US$1,0 miljard). Het aandeel in de wereld was 0,023%, en 1,3% in Oceanië.

Het aandeel van de overheidsuitgaven in het BBP van Frans-Polynesië was 26,6% in de jaren 1990, stond op de 27e plaats in de wereld, en was vergelijkbaar met Oman (26,7%), Polynesië (26,6%).

De overheidsuitgaven per hoofd in Frans-Polynesië was $4.930,6 in de jaren 1990s, stond op de 21e plaats in de wereld, en was vergelijkbaar met Nieuw-Caledonië (US$4,9 duizend), Oostenrijk (US$5,0 duizend), Zwitserland (US$5,0 duizend). De overheidsuitgaven per hoofd in Frans-Polynesië was in 6,0 keer hoger dan de overheidsuitgaven per hoofd van de bevolking in de wereld ($824,8), en was 75,1% hoger dan de overheidsuitgaven per hoofd van de bevolking in Oceanië ($824,8).

De groei van de overheidsuitgaven in Frans-Polynesië bedroeg 2.1% in de jaren 1990, stond op de 109e plaats in de wereld, en was vergelijkbaar met Costa Rica (2,1%). De groei van de overheidsuitgaven in Frans-Polynesië (2,1%) was groter dan de groei van de overheidsuitgaven in de wereld (2,0%), was minder dan de groei van de overheidsuitgaven in Oceanië (2,8%).

Vergelijking met buren. De overheidsuitgaven van Frans-Polynesië was groter dan in de Cook Eilanden (US$36,0 miljoen) en in Kiribati (US$18,4 miljoen). De overheidsuitgaven per hoofd in Frans-Polynesië was groter dan in de Cook Eilanden (US$1.930,8) en in Kiribati (US$237,9). De groei van de overheidsuitgaven in Frans-Polynesië was groter dan in de Cook Eilanden (-0,96%) en in Kiribati (-1,9%).

Vergelijking met leiders. De overheidsuitgaven van Frans-Polynesië was minder dan in de Verenigde Staten (US$1,1 biljoen), in Japan (US$651,8 miljard), in Duitsland (US$419,6 miljard), in Frankrijk (US$325,4 miljard) en in het Verenigd Koninkrijk (US$234,6 miljard). De overheidsuitgaven per hoofd in Frans-Polynesië was groter dan in de Verenigde Staten (US$4,3 duizend) en in het Verenigd Koninkrijk (US$4,1 duizend); maar minder dan in Frankrijk (US$5,5 duizend), in Duitsland (US$5,2 duizend) en in Japan (US$5,2 duizend). De groei van de overheidsuitgaven in Frans-Polynesië was groter dan in het Verenigd Koninkrijk (2,1%), in Frankrijk (1,8%) en in de Verenigde Staten (1,3%); maar minder dan in Japan (3,0%) en in Duitsland (2,4%).

de jaren 2000

De overheidsuitgaven van Frans-Polynesië bedroeg in de jaren 2000 US$1,7 miljard per jaar, stond op de 105e plaats in de wereld. Het aandeel in de wereld was 0,022%, en 1,1% in Oceanië.

Het aandeel van de overheidsuitgaven in het BBP van Frans-Polynesië was 31,5% in de jaren 2000, stond op de 15e plaats in de wereld.

De overheidsuitgaven per hoofd in Frans-Polynesië was $6.626,5 in de jaren 2000s, stond op de 22e plaats in de wereld, en was vergelijkbaar met Andorra (US$6,6 duizend), Japan (US$6,6 duizend), Nieuw-Caledonië (US$6,7 duizend). De overheidsuitgaven per hoofd in Frans-Polynesië was in 5,5 keer hoger dan de overheidsuitgaven per hoofd van de bevolking in de wereld ($1.200,9), en was 49,1% hoger dan de overheidsuitgaven per hoofd van de bevolking in Oceanië ($1.200,9).

De groei van de overheidsuitgaven in Frans-Polynesië bedroeg 3.9% in de jaren 2000, stond op de 98e plaats in de wereld. De groei van de overheidsuitgaven in Frans-Polynesië (3,9%) was groter dan de groei van de overheidsuitgaven in de wereld (3,1%), was groter dan de groei van de overheidsuitgaven in Oceanië (3,1%).

Vergelijking met buren. De overheidsuitgaven van Frans-Polynesië was groter dan in de Cook Eilanden (US$54,7 miljoen) en in Kiribati (US$39,3 miljoen). De overheidsuitgaven per hoofd in Frans-Polynesië was groter dan in de Cook Eilanden (US$2,9 duizend) en in

Kiribati (US$427,2). De groei van de overheidsuitgaven in Frans-Polynesië was groter dan in Kiribati (3,6%) en in de Cook Eilanden (3,4%).

Vergelijking met leiders. De overheidsuitgaven van Frans-Polynesië was minder dan in de Verenigde Staten (US$1,9 biljoen), in Japan (US$844,2 miljard), in Duitsland (US$520,1 miljard), in Frankrijk (US$479,9 miljard) en in het Verenigd Koninkrijk (US$453,4 miljard). De overheidsuitgaven per hoofd in Frans-Polynesië was groter dan in Japan (US$6,6 duizend), in de Verenigde Staten (US$6,5 duizend) en in Duitsland (US$6,4 duizend); maar minder dan in Frankrijk (US$7,6 duizend) en in het Verenigd Koninkrijk (US$7,5 duizend). De groei van de overheidsuitgaven in Frans-Polynesië was groter dan in het Verenigd Koninkrijk (2,9%), in de Verenigde Staten (2,2%), in Japan (1,7%), in Frankrijk (1,7%) en in Duitsland (1,4%).

de jaren 2010

De overheidsuitgaven van Frans-Polynesië bedroeg in de jaren 2010 US$1,9 miljard per jaar, stond op de 133e plaats in de wereld, en was vergelijkbaar met Laos (US$1,9 miljard). Het aandeel in de wereld was 0,014%, en 0,61% in Oceanië.

Het aandeel van de overheidsuitgaven in het BBP van Frans-Polynesië was 31,9% in de jaren 2010, stond op de 14e plaats in de wereld, en was vergelijkbaar met Cuba (32,1%), Palau (32,2%).

De overheidsuitgaven per hoofd in Frans-Polynesië was $6.902,6 in de jaren 2010s, stond op de 32e plaats in de wereld. De overheidsuitgaven per hoofd in Frans-Polynesië was in 3,9 keer hoger dan de overheidsuitgaven per hoofd van de bevolking in de wereld ($1.785,1), en was 12,2% lager dan de overheidsuitgaven per hoofd van de bevolking in Oceanië ($1.785,1).

De groei van de overheidsuitgaven in Frans-Polynesië bedroeg -0.2% in de jaren 2010, stond op de 187e plaats in de wereld. De groei van de overheidsuitgaven in Frans-Polynesië (-0,21%) was minder dan de groei van de overheidsuitgaven in de wereld (2,3%), was minder dan de groei van de overheidsuitgaven in Oceanië (3,3%).

Vergelijking met buren. De overheidsuitgaven van Frans-Polynesië was 18,7 keer groter dan in de Cook Eilanden (US$100,9 miljoen) en 27,0 keer groter dan in Kiribati (US$69,7 miljoen). De overheidsuitgaven per hoofd in Frans-Polynesië was 21,7% groter dan in de Cook Eilanden (US$5,7 duizend) en 10,9 keer groter dan in Kiribati (US$632,0). De groei van de overheidsuitgaven in Frans-Polynesië was minder dan in Kiribati (3,1%) en in de Cook Eilanden (2,7%).

Vergelijking met leiders. De overheidsuitgaven van Frans-Polynesië was 1.410,1 keer minder dan in de Verenigde Staten (US$2,7 biljoen), 892,4 keer minder dan in China (US$1,7 biljoen), 554,3 keer minder dan in Japan (US$1,0 biljoen), 383,5 keer minder dan in Duitsland (US$721,6 miljard) en 339,0 keer minder dan in Frankrijk (US$637,9 miljard). De overheidsuitgaven per hoofd in Frans-Polynesië was 5,8 keer groter dan in China (US$1.197,3); maar 28,2% minder dan in Frankrijk (US$9,6 duizend), 21,7% minder dan in Duitsland (US$8,8 duizend), 16,9% minder dan in de Verenigde Staten (US$8,3 duizend) en 15,3% minder dan in Japan (US$8,2 duizend). De groei van de overheidsuitgaven in Frans-Polynesië was minder dan in China (8,3%), in Duitsland (1,9%), in Japan (1,3%), in Frankrijk (1,3%) en in de Verenigde Staten (0,0052%).

Hoofdstuk XIII. Huishoudelijke uitgaven

Consumptieve bestedingen van de huishoudens

De huishoudelijke uitgaven van Frans-Polynesië steeg van US$381,8 miljoen per jaar in de jaren 1970 tot US$3,9 miljard per jaar in de jaren 2010, dat wil zeggen met US$3,5 miljard of 10,2 keer. De verandering vond plaats op US$2,6 miljard als gevolg van een 3,1-voudige stijging van de prijzen, en ook op US$442,7 miljoen als gevolg van een 1,5-voudige toename van het tarief per hoofd , evenals op US$423,3 miljoen als gevolg van de toename van de bevolking. De gemiddelde jaarlijkse groei van de huishoudelijke uitgaven is 3,0%. De minimumwaarde van de huishoudelijke uitgaven bedroeg US$164,6 miljoen in 1970. De maximumwaarde van de huishoudelijke uitgaven bedroeg US$4,5 miljard in 2008.

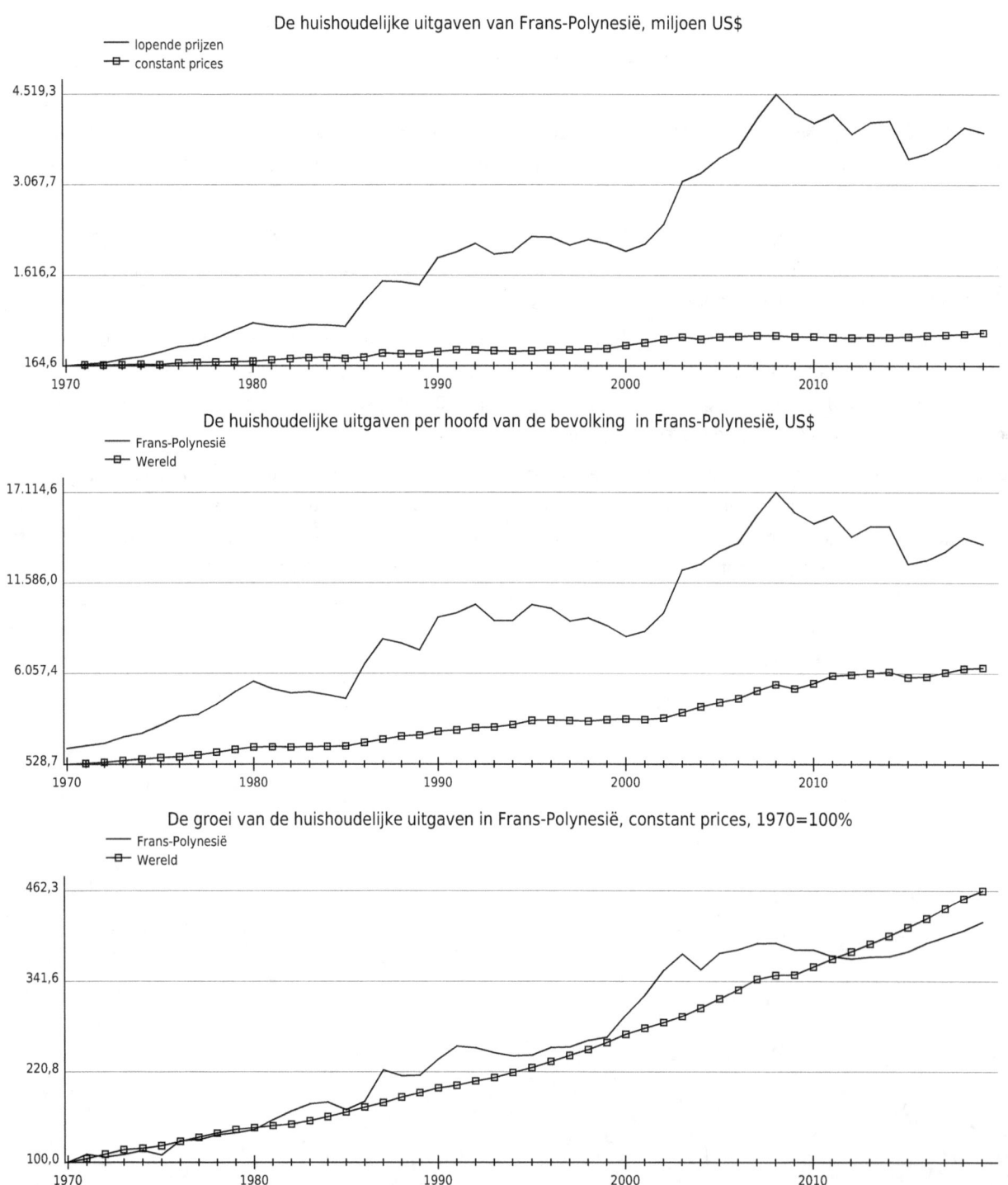

De huishoudelijke uitgaven van Frans-Polynesië, miljoen US$

De huishoudelijke uitgaven per hoofd van de bevolking in Frans-Polynesië, US$

De groei van de huishoudelijke uitgaven in Frans-Polynesië, constant prices, 1970=100%

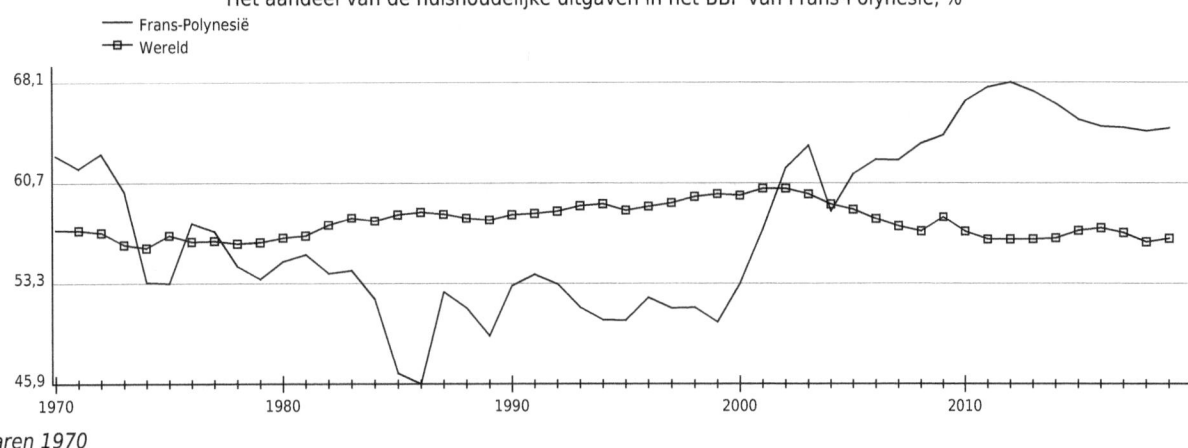

Het aandeel van de huishoudelijke uitgaven in het BBP van Frans-Polynesië, %

de jaren 1970

De huishoudelijke uitgaven van Frans-Polynesië bedroeg in de jaren 1970 US$381,8 miljoen per jaar, stond op de 130e plaats in de wereld, en was vergelijkbaar met Mauritius (US$377,1 miljoen). Het aandeel in de wereld was 0,010%, en 0,59% in Oceanië.

Het aandeel van de huishoudelijke uitgaven in het BBP van Frans-Polynesië was 56,2% in de jaren 1970, stond op de 129e plaats in de wereld, en was vergelijkbaar met Oceanië (56,3%), Australazië (56,4%), IJsland (56,4%).

De huishoudelijke uitgaven per hoofd in Frans-Polynesië was $2.953,5 in de jaren 1970s, stond op de 26e plaats in de wereld, en was vergelijkbaar met Koeweit (US$3,0 duizend), Finland (US$2,9 duizend). De huishoudelijke uitgaven per hoofd in Frans-Polynesië was in 3,2 keer hoger dan de huishoudelijke uitgaven per hoofd van de bevolking in de wereld ($914,8), en was 2,8% lager dan de huishoudelijke uitgaven per hoofd van de bevolking in Oceanië ($914,8).

De groei van de huishoudelijke uitgaven in Frans-Polynesië bedroeg 3.8% in de jaren 1970, stond op de 111e plaats in de wereld, en was vergelijkbaar met Samoa (3,7%), Burkina Faso (3,7%), Namibië (3,8%). De groei van de huishoudelijke uitgaven in Frans-Polynesië (3,8%) was minder dan de groei van de huishoudelijke uitgaven in de wereld (4,1%), was groter dan de groei van de huishoudelijke uitgaven in Oceanië (3,1%).

Vergelijking met buren. De huishoudelijke uitgaven van Frans-Polynesië was groter dan in Kiribati (US$23,4 miljoen) en in de Cook Eilanden (US$14,3 miljoen). De huishoudelijke uitgaven per hoofd in Frans-Polynesië was groter dan in de Cook Eilanden (US$713,4) en in Kiribati (US$426,4). De groei van de huishoudelijke uitgaven in Frans-Polynesië was groter dan in Kiribati (3,2%) en in de Cook Eilanden (1,0%).

Vergelijking met leiders. De huishoudelijke uitgaven van Frans-Polynesië was minder dan in de Verenigde Staten (US$1,0 biljoen), in de Sovjet-Unie (US$310,6 miljard), in Japan (US$280,9 miljard), in Duitsland (US$277,8 miljard) en in Frankrijk (US$180,7 miljard). De huishoudelijke uitgaven per hoofd in Frans-Polynesië was groter dan in Japan (US$2,5 duizend) en in de Sovjet-Unie (US$1.231,6); maar minder dan in de Verenigde Staten (US$4,7 duizend), in Duitsland (US$3,5 duizend) en in Frankrijk (US$3,4 duizend). De groei van de huishoudelijke uitgaven in Frans-Polynesië was groter dan in de Verenigde Staten (3,6%) en in Duitsland (3,6%); maar minder dan in Japan (5,1%), in de Sovjet-Unie (4,7%) en in Frankrijk (4,0%).

de jaren 1980

De huishoudelijke uitgaven van Frans-Polynesië bedroeg in de jaren 1980 US$1,1 miljard per jaar, stond op de 125e plaats in de wereld, en was vergelijkbaar met Benin (US$1,1 miljard), Cambodja (US$1,1 miljard). Het aandeel in de wereld was 0,012%, en 0,73% in Oceanië.

Het aandeel van de huishoudelijke uitgaven in het BBP van Frans-Polynesië was 51,2% in de jaren 1980, stond op de 153e plaats in de wereld, en was vergelijkbaar met Luxemburg (51,2%), China (51,3%), Algerije (50,9%).

De huishoudelijke uitgaven per hoofd in Frans-Polynesië was $6.071,6 in de jaren 1980s, stond op de 28e plaats in de wereld, en was vergelijkbaar met Italië (US$6,2 duizend). De huishoudelijke uitgaven per hoofd in Frans-Polynesië was in 3,4 keer hoger dan de huishoudelijke uitgaven per hoofd van de bevolking in de wereld ($1.808,0), en was 3,9% hoger dan de huishoudelijke uitgaven per hoofd van de bevolking in Oceanië ($1.808,0).

De groei van de huishoudelijke uitgaven in Frans-Polynesië bedroeg 4.5% in de jaren 1980, stond op de 43e plaats in de wereld, en was vergelijkbaar met Tunesië (4,5%), Noord-Afrika (4,5%). De groei van de huishoudelijke uitgaven in Frans-Polynesië (4,5%) was groter dan de groei van de huishoudelijke uitgaven in de wereld (3,0%), was groter dan de groei van de huishoudelijke uitgaven in Oceanië (3,1%).

Vergelijking met buren. De huishoudelijke uitgaven van Frans-Polynesië was groter dan in Kiribati (US$39,5 miljoen) en in de Cook Eilanden (US$23,7 miljoen). De huishoudelijke uitgaven per hoofd in Frans-Polynesië was groter dan in de Cook Eilanden (US$1.347,8) en in Kiribati (US$615,4). De groei van de huishoudelijke uitgaven in Frans-Polynesië was groter dan in de Cook Eilanden (2,6%) en in Kiribati (1,9%).

Vergelijking met leiders. De huishoudelijke uitgaven van Frans-Polynesië was minder dan in de Verenigde Staten (US$2,6 biljoen), in Japan (US$945,6 miljard), in Duitsland (US$575,7 miljard), in de Sovjet-Unie (US$424,6 miljard) en in het Verenigd Koninkrijk (US$416,5 miljard). De huishoudelijke uitgaven per hoofd in Frans-Polynesië was groter dan in de Sovjet-Unie (US$1.542,8); maar minder dan in de Verenigde Staten (US$10,9 duizend), in Japan (US$7,8 duizend), in Duitsland (US$7,4 duizend) en in het Verenigd Koninkrijk (US$7,4 duizend). De groei van de huishoudelijke uitgaven in Frans-Polynesië was groter dan in Japan (3,7%), in het Verenigd Koninkrijk (3,5%), in de Verenigde Staten (3,2%), in de Sovjet-Unie (3,0%) en in Duitsland (1,8%).

de jaren 1990

De huishoudelijke uitgaven van Frans-Polynesië bedroeg in de jaren 1990 US$2,1 miljard per jaar, stond op de 136e plaats in de wereld, en was vergelijkbaar met Malta (US$2,1 miljard), Niger (US$2,1 miljard), Nieuw-Caledonië (US$2,1 miljard). Het aandeel in de wereld was 0,012%, en 0,81% in Oceanië.

Het aandeel van de huishoudelijke uitgaven in het BBP van Frans-Polynesië was 51,8% in de jaren 1990, stond op de 174e plaats in de wereld, en was vergelijkbaar met Zuid-Korea (51,8%), Suriname (52,1%), Thailand (52,1%).

De huishoudelijke uitgaven per hoofd in Frans-Polynesië was $9.588,6 in de jaren 1990s, stond op de 33e plaats in de wereld, en was vergelijkbaar met Groenland (US$9,6 duizend), de Britse Maagdeneilanden (US$9,6 duizend), Aruba (US$9,5 duizend). De huishoudelijke uitgaven per hoofd in Frans-Polynesië was in 3,2 keer hoger dan de huishoudelijke uitgaven per hoofd van de bevolking in de wereld ($2.963,9), en was 7,4% hoger dan de huishoudelijke uitgaven per hoofd van de bevolking in Oceanië ($2.963,9).

De groei van de huishoudelijke uitgaven in Frans-Polynesië bedroeg 2.1% in de jaren 1990, stond op de 126e plaats in de wereld, en was vergelijkbaar met Mauritanië (2,1%). De groei van de huishoudelijke uitgaven in Frans-Polynesië (2,1%) was minder dan de groei van de huishoudelijke uitgaven in de wereld (3,0%), was minder dan de groei van de huishoudelijke uitgaven in Oceanië (3,2%).

Vergelijking met buren. De huishoudelijke uitgaven van Frans-Polynesië was groter dan in Kiribati (US$47,9 miljoen) en in de Cook Eilanden (US$44,3 miljoen). De huishoudelijke uitgaven per hoofd in Frans-Polynesië was groter dan in de Cook Eilanden (US$2,4 duizend) en in Kiribati (US$618,5). De groei van de huishoudelijke uitgaven in Frans-Polynesië was groter dan in Kiribati (-1,9%) en in de Cook Eilanden (-3,2%).

Vergelijking met leiders. De huishoudelijke uitgaven van Frans-Polynesië was minder dan in de Verenigde Staten (US$4,9 biljoen), in Japan (US$2,3 biljoen), in Duitsland (US$1,2 biljoen), in het Verenigd Koninkrijk (US$884,5 miljard) en in Frankrijk (US$783,0 miljard). De huishoudelijke uitgaven per hoofd in Frans-Polynesië was minder dan in de Verenigde Staten (US$18,5 duizend), in Japan (US$18,2 duizend), in het Verenigd Koninkrijk (US$15,3 duizend), in Duitsland (US$15,2 duizend) en in Frankrijk (US$13,2 duizend). De groei van de huishoudelijke uitgaven in Frans-Polynesië was groter dan in Duitsland (2,1%), in Japan (1,8%) en in Frankrijk (1,8%); maar minder dan in de Verenigde Staten (3,4%) en in het Verenigd Koninkrijk (2,8%).

de jaren 2000

De huishoudelijke uitgaven van Frans-Polynesië bedroeg in de jaren 2000 US$3,3 miljard per jaar, stond op de 142e plaats in de wereld, en was vergelijkbaar met Moldavië (US$3,3 miljard), Niger (US$3,3 miljard), Kosovo (US$3,3 miljard). Het aandeel in de wereld was 0,012%, en 0,69% in Oceanië.

Het aandeel van de huishoudelijke uitgaven in het BBP van Frans-Polynesië was 61,3% in de jaren 2000, stond op de 122e plaats in de wereld, en was vergelijkbaar met Zuid-Afrika (61,1%), Brazilië (61,0%), Malta (61,7%).

De huishoudelijke uitgaven per hoofd in Frans-Polynesië was $12.893,0 in de jaren 2000s, stond op de 40e plaats in de wereld, en was vergelijkbaar met Puerto Rico (US$12,6 duizend), Curaçao (US$12,6 duizend), Israël (US$13,2 duizend). De huishoudelijke uitgaven per hoofd in Frans-Polynesië was in 3,1 keer hoger dan de huishoudelijke uitgaven per hoofd van de bevolking in de wereld ($4.208,2), en was 9,5% lager dan de huishoudelijke uitgaven per hoofd van de bevolking in Oceanië ($4.208,2).

De groei van de huishoudelijke uitgaven in Frans-Polynesië bedroeg 3.7% in de jaren 2000, stond op de 112e plaats in de wereld, en was vergelijkbaar met Bosnië en Herzegovina (3,7%), Brazilië (3,7%), Guatemala (3,7%). De groei van de huishoudelijke uitgaven in Frans-Polynesië (3,7%) was groter dan de groei van de huishoudelijke uitgaven in de wereld (3,0%), was groter dan de groei van de huishoudelijke uitgaven in Oceanië (3,6%).

Vergelijking met buren. De huishoudelijke uitgaven van Frans-Polynesië was groter dan in Kiribati (US$102,2 miljoen) en in de Cook Eilanden (US$75,8 miljoen). De huishoudelijke uitgaven per hoofd in Frans-Polynesië was groter dan in de Cook Eilanden (US$4,1 duizend) en in Kiribati (US$1.110,6). De groei van de huishoudelijke uitgaven in Frans-Polynesië was groter dan in Kiribati (3,6%) en in de Cook Eilanden (-0,74%).

Vergelijking met leiders. De huishoudelijke uitgaven van Frans-Polynesië was minder dan in de Verenigde Staten (US$8,5 biljoen), in Japan (US$2,6 biljoen), in Duitsland (US$1,5 biljoen), in het Verenigd Koninkrijk (US$1,5 biljoen) en in Frankrijk (US$1,1 biljoen). De huishoudelijke uitgaven per hoofd in Frans-Polynesië was minder dan in de Verenigde Staten (US$28,8 duizend), in het Verenigd Koninkrijk (US$25,0 duizend), in Japan (US$20,4 duizend), in Duitsland (US$18,9 duizend) en in Frankrijk (US$18,1 duizend). De groei van de huishoudelijke uitgaven in Frans-Polynesië was groter dan in de Verenigde Staten (2,4%), in het Verenigd Koninkrijk (2,1%), in Frankrijk (2,0%), in Japan (0,81%) en in Duitsland (0,46%).

de jaren 2010

De huishoudelijke uitgaven van Frans-Polynesië bedroeg in de jaren 2010 US$3,9 miljard per jaar, stond op de 153e plaats in de wereld, en was vergelijkbaar met Turkmenistan (US$3,9 miljard), Sierra Leone (US$3,8 miljard), Mauritanië (US$3,8 miljard). Het aandeel in de wereld was 0,0088%, en 0,41% in Oceanië.

Het aandeel van de huishoudelijke uitgaven in het BBP van Frans-Polynesië was 66,1% in de jaren 2010, stond op de 99e plaats in de wereld, en was vergelijkbaar met Hongkong (66,1%), Liberia (65,8%), Centraal-Amerika (66,3%).

De huishoudelijke uitgaven per hoofd in Frans-Polynesië was $14.278,0 in de jaren 2010s, stond op de 42e plaats in de wereld, en was vergelijkbaar met Portugal (US$14,2 duizend), Zuid-Korea (US$14,1 duizend). De huishoudelijke uitgaven per hoofd in Frans-Polynesië was in 2,4 keer hoger dan de huishoudelijke uitgaven per hoofd van de bevolking in de wereld ($6.018,5), en was 40,7% lager dan de huishoudelijke uitgaven per hoofd van de bevolking in Oceanië ($6.018,5).

De groei van de huishoudelijke uitgaven in Frans-Polynesië bedroeg 0.9% in de jaren 2010, stond op de 178e plaats in de wereld. De groei van de huishoudelijke uitgaven in Frans-Polynesië (0,92%) was minder dan de groei van de huishoudelijke uitgaven in de wereld (2,8%), was minder dan de groei van de huishoudelijke uitgaven in Oceanië (2,3%).

Vergelijking met buren. De huishoudelijke uitgaven van Frans-Polynesië was 21,5 keer groter dan in Kiribati (US$181,1 miljoen) en 36,8 keer groter dan in de Cook Eilanden (US$105,8 miljoen). De huishoudelijke uitgaven per hoofd in Frans-Polynesië was 2,4 keer groter dan in de Cook Eilanden (US$6,0 duizend) en 8,7 keer groter dan in Kiribati (US$1.643,2). De groei van de huishoudelijke uitgaven in Frans-Polynesië was minder dan in de Cook Eilanden (3,5%) en in Kiribati (3,1%).

Vergelijking met leiders. De huishoudelijke uitgaven van Frans-Polynesië was 3.132,5 keer minder dan in de Verenigde Staten (US$12,2 biljoen), 1.009,6 keer minder dan in China (US$3,9 biljoen), 767,5 keer minder dan in Japan (US$3,0 biljoen), 503,2 keer minder dan in Duitsland (US$2,0 biljoen) en 457,8 keer minder dan in het Verenigd Koninkrijk (US$1,8 biljoen). De huishoudelijke uitgaven per hoofd in Frans-Polynesië was 5,1 keer groter dan in China (US$2,8 duizend); maar 2,7 keer minder dan in de Verenigde Staten (US$38,2 duizend), 47,4% minder dan in het Verenigd Koninkrijk (US$27,2 duizend), 40,3% minder dan in Duitsland (US$23,9 duizend) en 38,9% minder dan in Japan (US$23,4 duizend). De groei van de huishoudelijke uitgaven in Frans-Polynesië was groter dan in Japan (0,64%); maar minder dan in China (8,3%), in de Verenigde Staten (2,4%), in het Verenigd Koninkrijk (1,8%) en in Duitsland (1,4%).

Hoofdstuk XIV. Voedsel consumptie

Tijdens de onderzoeksperiode groeide de voedselconsumptie in noten (in 14,7 keer), vlees (met 99,7%), eieren (met 81,0%), specerijen (met 57,5%), plantaardige oliën (met 56,7%), fruit (met 56,1%), melk (met 45,2%), vis (met 26,6%), stimulerende middelen (met 16,3%), maar daalde in peulvruchten (met 2,1%), alcoholische dranken (met 18,6%), granen (met 20,5%), groenten (met 27,9%), suiker (met 39,0%), zetmeelrijke wortels (met 79,8%).

Dit zijn de correlatiecoëfficiënten tussen het bni per hoofd van de bevolking in constante prijzen en de voedselconsumptie: vlees (0.987), melk (0.946), noten (0.935), eieren (0.902), fruit (0.901), vis (0.886), specerijen (0.876), plantaardige oliën (0.875), stimulerende middelen (0.717), peulvruchten (-0.273), alcoholische dranken (-0.602), groenten (-0.746), zetmeelrijke wortels (-0.843), suiker (-0.959), granen (-0.985).

de jaren 1970

De consumptie van kcal in Frans-Polynesië was 2.831,2 kcal/hoofd/dag in the 1970s, stond op de 39e plaats in de wereld, and was on a par with Kiribati (2.832,3 kcal/hoofd/dag), Micronesië (2.832,3 kcal/hoofd/dag), Uruguay (2.823,4 kcal/hoofd/dag). De consumptie van kcal in Frans-Polynesië was groter dan in de wereld (2.403,2 kcal/hoofd/dag), en was minder dan in Oceanië (3.054,0 kcal/hoofd/dag). De structuur van de consumptie: granen (34.4%), suiker (10.9%), vlees (10.1%), zetmeelrijke wortels (8.9%), plantaardige oliën (7.8%), en anderen (27.9%).

De consumptie van eiwitten in Frans-Polynesië was 75,9 g/hoofd/dag in the 1970s, stond op de 42e plaats in de wereld, and was on a par with Afghanistan (75,3 g/hoofd/dag). De consumptie van eiwitten in Frans-Polynesië was groter dan in de wereld (65,0 g/hoofd/dag), en was minder dan in Oceanië (103,8 g/hoofd/dag). De structuur van de consumptie: granen (33.4%), vlees (25.3%), vis (13.5%), melk (8.3%), zetmeelrijke wortels (4.8%), en anderen (14.7%).

De consumptie van vet in Frans-Polynesië was 89,0 g/hoofd/dag in the 1970s, stond op de 38e plaats in de wereld. De consumptie van vet in Frans-Polynesië was groter dan in de wereld (55,1 g/hoofd/dag), en was minder dan in Oceanië (112,0 g/hoofd/dag). De structuur van de consumptie: plantaardige oliën (28.2%), vlees (25.6%), melk (7.9%), granen (5.2%), vis (3.5%), en anderen (29.6%).

Dit zijn de niveaus van voedselconsumptie op de wereldranglijst: 13e - vis (37,2 kg/hoofd/jr), 26e - alcoholische dranken (76,8 kg/hoofd/jr), 33e - stimulerende middelen (4,2 kg/hoofd/jr), 39e - vlees (50,8 kg/hoofd/jr), 42e - plantaardige oliën (9,2 kg/hoofd/jr), 44e - groenten (69,3 kg/hoofd/jr), 57e - suiker (34,2 kg/hoofd/jr), 58e - eieren (4,7 kg/hoofd/jr), 62e - granen (127,2 kg/hoofd/jr), 69e - melk (64,6 kg/hoofd/jr), 78e - fruit (54,2 kg/hoofd/jr), 91e - specerijen (0,20 kg/hoofd/jr), 96e - noten (0,11 kg/hoofd/jr), 98e - peulvruchten (2,9 kg/hoofd/jr).

de jaren 1980

De consumptie van kcal in Frans-Polynesië was 2.751,3 kcal/hoofd/dag in the 1980s, stond op de 52e plaats in de wereld, and was on a par with Noord-Afrika (2.742,5 kcal/hoofd/dag), Iran (2.736,5 kcal/hoofd/dag), Saoedi-Arabië (2.772,2 kcal/hoofd/dag). De consumptie van kcal in Frans-Polynesië was groter dan in de wereld (2.572,3 kcal/hoofd/dag), en was minder dan in Oceanië (3.045,2 kcal/hoofd/dag). De structuur van de consumptie: granen (34.4%), vlees (12.2%), suiker (10%), plantaardige oliën (8.3%), zetmeelrijke wortels (5.6%), en anderen (29.5%).

De consumptie van eiwitten in Frans-Polynesië was 77,6 g/hoofd/dag in the 1980s, stond op de 51e plaats in de wereld, and was on a par with Cyprus (77,8 g/hoofd/dag), Mauritanië (77,0 g/hoofd/dag), Albanië (78,2 g/hoofd/dag). De consumptie van eiwitten in Frans-Polynesië was groter dan in de wereld (69,1 g/hoofd/dag), en was minder dan in Oceanië (101,6 g/hoofd/dag). De structuur van de consumptie: granen (30.9%), vlees (28.3%), vis (12.4%), melk (8.4%), groenten (3.8%), en anderen (16.2%).

De consumptie van vet in Frans-Polynesië was 96,1 g/hoofd/dag in the 1980s, stond op de 40e plaats in de wereld, and was on a par with Amerika (96,3 g/hoofd/dag), Portugal (96,4 g/hoofd/dag), Uruguay (95,4 g/hoofd/dag). De consumptie van vet in Frans-Polynesië was groter dan in de wereld (63,2 g/hoofd/dag), en was minder dan in Oceanië (116,3 g/hoofd/dag). De structuur van de consumptie: vlees (28%), plantaardige oliën (26.9%), melk (7.6%), granen (4.8%), vis (3.1%), en anderen (29.6%).

Dit zijn de niveaus van voedselconsumptie op de wereldranglijst: 20e - vis (34,5 kg/hoofd/jr), 31e - stimulerende middelen (4,5 kg/hoofd/jr), 32e - alcoholische dranken (64,9 kg/hoofd/jr), 35e - vlees (62,4 kg/hoofd/jr), 45e - groenten (74,9 kg/hoofd/jr), 57e - zetmeelrijke wortels (62,9 kg/hoofd/jr), 62e - eieren (5,8 kg/hoofd/jr), 66e - plantaardige oliën (9,4 kg/hoofd/jr), 76e - melk (66,8 kg/hoofd/jr), 79e - suiker (29,7 kg/hoofd/jr), 81e - fruit (56,8 kg/hoofd/jr), 82e - granen (121,0 kg/hoofd/jr), 92e - peulvruchten (3,9 kg/hoofd/jr), 102e - specerijen (0,19 kg/hoofd/jr), 110e - noten (0,084 kg/hoofd/jr).

de jaren 1990

De consumptie van kcal in Frans-Polynesië was 2.811,6 kcal/hoofd/dag in the 1990s, stond op de 58e plaats in de wereld, and was on a par with Centraal-Amerika (2.813,0 kcal/hoofd/dag), Brazilië (2.808,3 kcal/hoofd/dag), Zuid-Afrika (2.820,9 kcal/hoofd/dag). De consumptie van kcal in Frans-Polynesië was groter dan in de wereld (2.652,6 kcal/hoofd/dag), en was minder dan in Oceanië (3.065,5 kcal/hoofd/dag). De structuur van de consumptie: granen (33.2%), vlees (13.9%), suiker (9.6%), plantaardige oliën (8.7%), melk (5.6%), en anderen (29%).

De consumptie van eiwitten in Frans-Polynesië was 91,3 g/hoofd/dag in the 1990s, stond op de 37e plaats in de wereld, and was on a par with Oost-Europa (91,9 g/hoofd/dag). De consumptie van eiwitten in Frans-Polynesië was groter dan in de wereld (72,1 g/hoofd/dag), en was minder dan in Oceanië (100,9 g/hoofd/dag). De structuur van de consumptie: vlees (35.1%), granen (24.5%), vis (13.9%), melk (9.1%), groenten (2.6%), en anderen (14.8%).

De consumptie van vet in Frans-Polynesië was 103,9 g/hoofd/dag in the 1990s, stond op de 35e plaats in de wereld. De consumptie van vet in Frans-Polynesië was groter dan in de wereld (69,0 g/hoofd/dag), en was minder dan in Oceanië (124,1 g/hoofd/dag). De structuur van de consumptie: vlees (27%), plantaardige oliën (26.6%), melk (7.5%), granen (5.7%), vis (3.7%), en anderen (29.5%).

Dit zijn de niveaus van voedselconsumptie op de wereldranglijst: 12e - vis (44,3 kg/hoofd/jr), 17e - vlees (89,8 kg/hoofd/jr), 41e - alcoholische dranken (59,1 kg/hoofd/jr), 43e - stimulerende middelen (4,1 kg/hoofd/jr), 72e - eieren (5,9 kg/hoofd/jr), 76e - groenten (61,8 kg/hoofd/jr), 80e - melk (90,5 kg/hoofd/jr), 82e - zetmeelrijke wortels (57,3 kg/hoofd/jr), 83e - fruit (64,6 kg/hoofd/jr), 84e - suiker (29,7 kg/hoofd/jr), 107e - peulvruchten (3,2 kg/hoofd/jr), 109e - granen (112,1 kg/hoofd/jr), 115e - specerijen (0,24 kg/hoofd/jr).

de jaren 2000

De consumptie van kcal in Frans-Polynesië was 2.886,3 kcal/hoofd/dag in the 2000s, stond op de 63e plaats in de wereld, and was on a par with Kiribati (2.884,7 kcal/hoofd/dag), Micronesië (2.884,7 kcal/hoofd/dag), China (2.879,8 kcal/hoofd/dag). De consumptie van kcal in Frans-Polynesië was groter dan in de wereld (2.765,9 kcal/hoofd/dag), en was minder dan in Oceanië (3.090,9 kcal/hoofd/dag). De structuur van de consumptie: granen (30.4%), vlees (15.8%), plantaardige oliën (11.2%), suiker (7.4%), melk (5.4%), en anderen (29.8%).

De consumptie van eiwitten in Frans-Polynesië was 97,8 g/hoofd/dag in the 2000s, stond op de 32e plaats in de wereld, and was on a par with Argentinië (97,2 g/hoofd/dag), Albanië (96,9 g/hoofd/dag), Egypte (96,9 g/hoofd/dag). De consumptie van eiwitten in Frans-Polynesië was groter dan in de wereld (76,5 g/hoofd/dag), en was minder dan in Oceanië (100,0 g/hoofd/dag). De structuur van de consumptie: vlees (38%), granen (20.1%), vis (14.2%), melk (9%), groenten (2.5%), en anderen (16.2%).

De consumptie van vet in Frans-Polynesië was 121,2 g/hoofd/dag in the 2000s, stond op de 27e plaats in de wereld, and was on a par with Montenegro (120,1 g/hoofd/dag), Koeweit (120,1 g/hoofd/dag). De consumptie van vet in Frans-Polynesië was groter dan in de wereld (76,9 g/hoofd/dag), en was minder dan in Oceanië (130,3 g/hoofd/dag). De structuur van de consumptie: plantaardige oliën (30.1%), vlees (27.1%), melk (7%), granen (6.4%), vis (3.2%), en anderen (26.2%).

Dit zijn de niveaus van voedselconsumptie op de wereldranglijst: 7e - vlees (103,1 kg/hoofd/jr), 13e - vis (48,6 kg/hoofd/jr), 45e - alcoholische dranken (68,0 kg/hoofd/jr), 47e - stimulerende middelen (5,3 kg/hoofd/jr), 56e - plantaardige oliën (13,4 kg/hoofd/jr), 67e - eieren (7,4 kg/hoofd/jr), 79e - noten (1,4 kg/hoofd/jr), 84e - fruit (74,6 kg/hoofd/jr), 86e - zetmeelrijke wortels (57,8 kg/hoofd/jr), 87e - melk (94,8 kg/hoofd/jr), 96e - groenten (63,1 kg/hoofd/jr), 107e - peulvruchten (3,0 kg/hoofd/jr), 112e - specerijen (0,35 kg/hoofd/jr), 113e - suiker (25,2 kg/hoofd/jr), 139e - granen (101,5 kg/hoofd/jr).

de jaren 2010

De consumptie van kcal in Frans-Polynesië was 2.930,5 kcal/hoofd/dag in the 2010s, stond op de 73e plaats in de wereld, and was on a par with Polynesië (2.930,0 kcal/hoofd/dag), Samoa (2.929,0 kcal/hoofd/dag), Fiji (2.927,8 kcal/hoofd/dag). De consumptie van kcal in Frans-Polynesië was groter dan in de wereld (2.869,3 kcal/hoofd/dag), en was minder dan in Oceanië (3.193,3 kcal/hoofd/dag). De structuur van de consumptie: granen (30.8%), vlees (15.4%), plantaardige oliën (11.8%), suiker (7.2%), melk (5.2%), en anderen (29.6%).

De consumptie van eiwitten in Frans-Polynesië was 97,5 g/hoofd/dag in the 2010s, stond op de 39e plaats in de wereld, and was on a par with Oost-Europa (97,2 g/hoofd/dag), België (98,0 g/hoofd/dag), Kazachstan (96,7 g/hoofd/dag). De consumptie van eiwitten in Frans-Polynesië was groter dan in de wereld (80,6 g/hoofd/dag), en was minder dan in Oceanië (100,9 g/hoofd/dag). De structuur van de consumptie: vlees (37.5%), granen (20.8%), vis (13.8%), melk (9%), eieren (2.8%), en anderen (16.1%).

De consumptie van vet in Frans-Polynesië was 125,9 g/hoofd/dag in the 2010s, stond op de 29e plaats in de wereld. De consumptie van vet in Frans-Polynesië was groter dan in de wereld (82,4 g/hoofd/dag), en was minder dan in Oceanië (140,2 g/hoofd/dag). De structuur van de consumptie: plantaardige oliën (31.2%), vlees (26%), granen (7%), melk (6.9%), vis (3%), en anderen (25.9%).

Dit zijn de niveaus van voedselconsumptie op de wereldranglijst: 9e - vlees (101,5 kg/hoofd/jr), 13e - vis (47,1 kg/hoofd/jr), 50e - plantaardige oliën (14,4 kg/hoofd/jr), 54e - alcoholische dranken (64,7 kg/hoofd/jr), 60e - stimulerende middelen (4,9 kg/hoofd/jr), 63e - eieren (8,6 kg/hoofd/jr), 72e - zetmeelrijke wortels (59,7 kg/hoofd/jr), 73e - fruit (84,7 kg/hoofd/jr), 82e - noten (1,6 kg/hoofd/jr), 90e - melk (93,8 kg/hoofd/jr), 112e - groenten (54,2 kg/hoofd/jr), 115e - specerijen (0,32 kg/hoofd/jr), 137e - granen (105,5 kg/hoofd/jr).

Part V. Reproductie

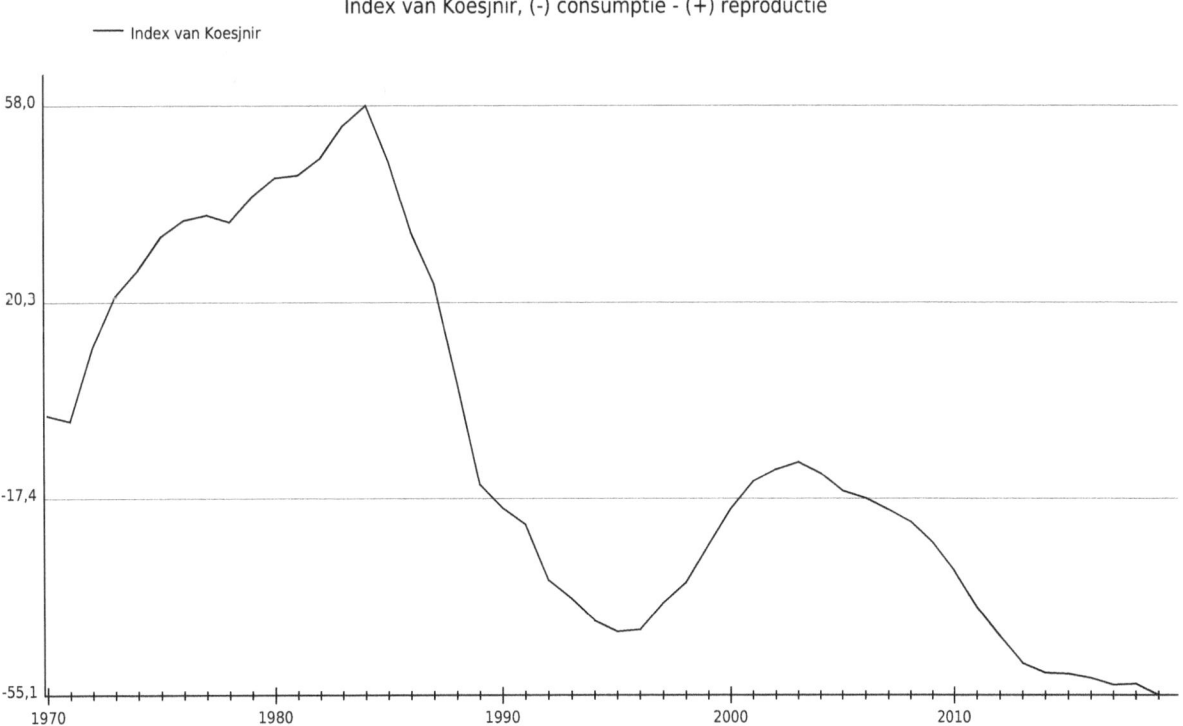

Index van Koesjnir, (-) consumptie - (+) reproductie

Hoofdstuk XV. Bruto-investeringen in vaste activa

De investeringen in vaste activa van Frans-Polynesië steeg van US$237,7 miljoen per jaar in de jaren 1970 tot US$1,1 miljard per jaar in de jaren 2010, dat wil zeggen met US$906,8 miljoen of 4,8 keer. De verandering vond plaats op US$776,5 miljoen als gevolg van een 3,1-voudige stijging van de prijzen, en ook op -US$133,4 miljoen als gevolg van een 1,4-voudige afname van het tarief per hoofd , evenals op US$263,7 miljoen als gevolg van de toename van de bevolking. De gemiddelde jaarlijkse groei van de investeringen in vaste activa is 1,8%. De minimumwaarde van de investeringen in vaste activa bedroeg US$83,8 miljoen in 1970. De maximumwaarde van de investeringen in vaste activa bedroeg US$1,7 miljard in 2008.

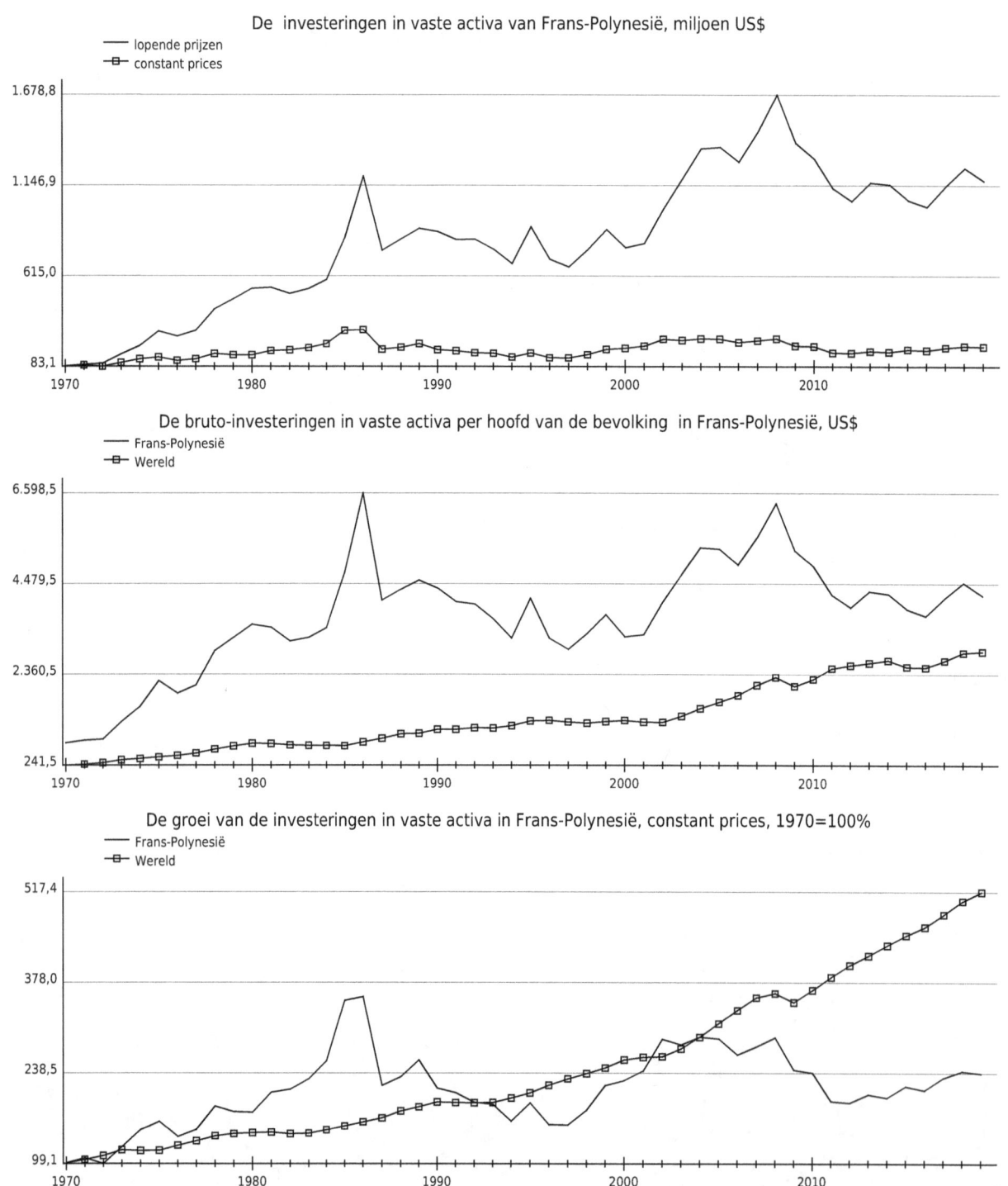

De investeringen in vaste activa van Frans-Polynesië, miljoen US$

De bruto-investeringen in vaste activa per hoofd van de bevolking in Frans-Polynesië, US$

De groei van de investeringen in vaste activa in Frans-Polynesië, constant prices, 1970=100%

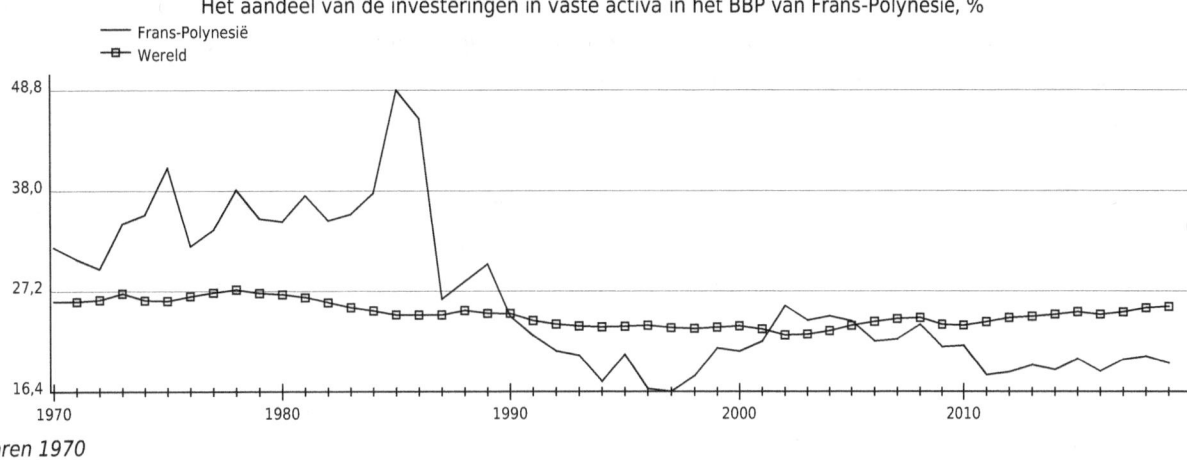

Het aandeel van de investeringen in vaste activa in het BBP van Frans-Polynesië, %

— Frans-Polynesië
—□— Wereld

de jaren 1970

De bruto-investeringen in vaste activa van Frans-Polynesië bedroeg in de jaren 1970 US$237,7 miljoen per jaar, stond op de 110e plaats in de wereld, en was vergelijkbaar met de Bahama's (US$239,9 miljoen), Jemen (US$240,1 miljoen), Afghanistan (US$242,6 miljoen). Het aandeel in de wereld was 0,014%, en 0,77% in Oceanië.

Het aandeel van de investeringen in vaste activa in het BBP van Frans-Polynesië was 35,0% in de jaren 1970, stond op de 19e plaats in de wereld, en was vergelijkbaar met Singapore (35,1%), Botswana (34,8%).

De bruto-investeringen in vaste activa per hoofd in Frans-Polynesië was $1.839,4 in de jaren 1970s, stond op de 15e plaats in de wereld, en was vergelijkbaar met Groenland (US$1.838,2), Denemarken (US$1.849,5). De bruto-investeringen in vaste activa per hoofd in Frans-Polynesië was in 4,2 keer hoger dan de investeringen in vaste activa per hoofd van de bevolking in de wereld ($433,5), en was 27,9% hoger dan de investeringen in vaste activa per hoofd van de bevolking in Oceanië ($433,5).

De groei van de investeringen in vaste activa in Frans-Polynesië bedroeg 6.7% in de jaren 1970, stond op de 80e plaats in de wereld, en was vergelijkbaar met Bulgarije (6,7%), Thailand (6,7%). De groei van de investeringen in vaste activa in Frans-Polynesië (6,7%) was groter dan de groei van de investeringen in vaste activa in de wereld (4,2%), was groter dan de groei van de investeringen in vaste activa in Oceanië (2,6%).

Vergelijking met buren. De investeringen in vaste activa van Frans-Polynesië was groter dan in Kiribati (US$5,7 miljoen) en in de Cook Eilanden (US$4,6 miljoen). De bruto-investeringen in vaste activa per hoofd in Frans-Polynesië was groter dan in de Cook Eilanden (US$226,6) en in Kiribati (US$104,0). De groei van de investeringen in vaste activa in Frans-Polynesië was minder dan in Kiribati (14,1%) en in de Cook Eilanden (6,8%).

Vergelijking met leiders. De bruto-investeringen in vaste activa van Frans-Polynesië was minder dan in de Verenigde Staten (US$381,9 miljard), in de Sovjet-Unie (US$214,6 miljard), in Japan (US$191,6 miljard), in Duitsland (US$125,8 miljard) en in Frankrijk (US$82,9 miljard). De investeringen in vaste activa per hoofd in Frans-Polynesië was groter dan in de Verenigde Staten (US$1.750,0), in Japan (US$1.720,7), in Duitsland (US$1.597,2), in Frankrijk (US$1.545,4) en in de Sovjet-Unie (US$850,9). De groei van de investeringen in vaste activa in Frans-Polynesië was groter dan in de Verenigde Staten (4,4%), in Japan (3,9%), in de Sovjet-Unie (3,2%), in Frankrijk (2,7%) en in Duitsland (1,5%).

de jaren 1980

De bruto-investeringen in vaste activa van Frans-Polynesië bedroeg in de jaren 1980 US$725,6 miljoen per jaar, stond op de 96e plaats in de wereld, en was vergelijkbaar met Honduras (US$726,7 miljoen), Libanon (US$723,4 miljoen). Het aandeel in de wereld was 0,019%, en 1,0% in Oceanië.

Het aandeel van de investeringen in vaste activa in het BBP van Frans-Polynesië was 35,0% in de jaren 1980, stond op de 17e plaats in de wereld.

De bruto-investeringen in vaste activa per hoofd in Frans-Polynesië was $4.155,4 in de jaren 1980s, stond op de 10e plaats in de wereld, en was vergelijkbaar met de Kaaimaneilanden (US$4,1 duizend), San Marino (US$4,2 duizend), IJsland (US$4,1 duizend). De bruto-investeringen in vaste activa per hoofd in Frans-Polynesië was in 5,3 keer hoger dan de investeringen in vaste activa per hoofd van de bevolking in de wereld ($790,9), en was 47,0% hoger dan de investeringen in vaste activa per hoofd van de bevolking in

Oceanië ($790,9).

De groei van de investeringen in vaste activa in Frans-Polynesië bedroeg 3.7% in de jaren 1980, stond op de 71e plaats in de wereld, en was vergelijkbaar met Mali (3,7%). De groei van de investeringen in vaste activa in Frans-Polynesië (3,7%) was groter dan de groei van de investeringen in vaste activa in de wereld (2,5%), was minder dan de groei van de investeringen in vaste activa in Oceanië (4,9%).

Vergelijking met buren. De investeringen in vaste activa van Frans-Polynesië was groter dan in Kiribati (US$17,1 miljoen) en in de Cook Eilanden (US$7,7 miljoen). De bruto-investeringen in vaste activa per hoofd in Frans-Polynesië was groter dan in de Cook Eilanden (US$438,8) en in Kiribati (US$266,6). De groei van de investeringen in vaste activa in Frans-Polynesië was groter dan in Kiribati (3,0%) en in de Cook Eilanden (2,6%).

Vergelijking met leiders. De investeringen in vaste activa van Frans-Polynesië was minder dan in de Verenigde Staten (US$958,4 miljard), in Japan (US$571,7 miljard), in de Sovjet-Unie (US$271,0 miljard), in Duitsland (US$238,1 miljard) en in Frankrijk (US$164,3 miljard). De bruto-investeringen in vaste activa per hoofd in Frans-Polynesië was groter dan in de Verenigde Staten (US$4,0 duizend), in Duitsland (US$3,1 duizend), in Frankrijk (US$2,9 duizend) en in de Sovjet-Unie (US$984,8); maar minder dan in Japan (US$4,7 duizend). De groei van de investeringen in vaste activa in Frans-Polynesië was groter dan in de Verenigde Staten (3,1%), in Frankrijk (2,4%), in de Sovjet-Unie (1,7%) en in Duitsland (1,4%); maar minder dan in Japan (4,8%).

de jaren 1990

De investeringen in vaste activa van Frans-Polynesië bedroeg in de jaren 1990 US$792,8 miljoen per jaar, stond op de 123e plaats in de wereld, en was vergelijkbaar met Malta (US$782,8 miljoen), Georgië (US$803,3 miljoen). Het aandeel in de wereld was 0,012%, en 0,74% in Oceanië.

Het aandeel van de investeringen in vaste activa in het BBP van Frans-Polynesië was 19,7% in de jaren 1990, stond op de 136e plaats in de wereld, en was vergelijkbaar met Tonga (19,7%), Groenland (19,7%), Canada (19,8%).

De bruto-investeringen in vaste activa per hoofd in Frans-Polynesië was $3.652,0 in de jaren 1990s, stond op de 37e plaats in de wereld, en was vergelijkbaar met de Turks- en Caicoseilanden (US$3,6 duizend), Nieuw-Caledonië (US$3,7 duizend), Oceanië (US$3,7 duizend). De bruto-investeringen in vaste activa per hoofd in Frans-Polynesië was in 3,1 keer hoger dan de investeringen in vaste activa per hoofd van de bevolking in de wereld ($1.183,8), en was 1,0% lager dan de investeringen in vaste activa per hoofd van de bevolking in Oceanië ($1.183,8).

De groei van de investeringen in vaste activa in Frans-Polynesië bedroeg -1.6% in de jaren 1990, stond op de 171e plaats in de wereld. De groei van de investeringen in vaste activa in Frans-Polynesië (-1,6%) was minder dan de groei van de investeringen in vaste activa in de wereld (2,8%), was minder dan de groei van de investeringen in vaste activa in Oceanië (3,9%).

Vergelijking met buren. De bruto-investeringen in vaste activa van Frans-Polynesië was groter dan in Kiribati (US$20,7 miljoen) en in de Cook Eilanden (US$14,4 miljoen). De bruto-investeringen in vaste activa per hoofd in Frans-Polynesië was groter dan in de Cook Eilanden (US$774,7) en in Kiribati (US$266,8). De groei van de investeringen in vaste activa in Frans-Polynesië was groter dan in Kiribati (-1,9%) en in de Cook Eilanden (-3,2%).

Vergelijking met leiders. De bruto-investeringen in vaste activa van Frans-Polynesië was minder dan in de Verenigde Staten (US$1,6 biljoen), in Japan (US$1,3 biljoen), in Duitsland (US$520,7 miljard), in Frankrijk (US$299,3 miljard) en in het Verenigd Koninkrijk (US$250,0 miljard). De bruto-investeringen in vaste activa per hoofd in Frans-Polynesië was minder dan in Japan (US$10,4 duizend), in Duitsland (US$6,5 duizend), in de Verenigde Staten (US$6,1 duizend), in Frankrijk (US$5,0 duizend) en in het Verenigd Koninkrijk (US$4,3 duizend). De groei van de investeringen in vaste activa in Frans-Polynesië was minder dan in de Verenigde Staten (4,8%), in Duitsland (2,4%), in het Verenigd Koninkrijk (1,7%), in Frankrijk (1,5%) en in Japan (0,18%).

de jaren 2000

De bruto-investeringen in vaste activa van Frans-Polynesië bedroeg in de jaren 2000 US$1,2 miljard per jaar, stond op de 135e plaats in de wereld, en was vergelijkbaar met Mali (US$1,2 miljard), Cambodja (US$1,2 miljard), Mauritanië (US$1,2 miljard). Het aandeel in de wereld was 0,011%, en 0,56% in Oceanië.

Het aandeel van de investeringen in vaste activa in het BBP van Frans-Polynesië was 23,0% in de jaren 2000, stond op de 107e plaats in de wereld, en was vergelijkbaar met Bosnië en Herzegovina (22,9%), Zweden (22,9%), Nieuw-Zeeland (22,9%).

De investeringen in vaste activa per hoofd in Frans-Polynesië was $4.827,0 in de jaren 2000s, stond op de 47e plaats in de wereld, en was vergelijkbaar met Slovenië (US$4,8 duizend), Bahrein (US$4,8 duizend). De investeringen in vaste activa per hoofd in Frans-Polynesië was in 2,9 keer hoger dan de investeringen in vaste activa per hoofd van de bevolking in de wereld ($1.690,7), en was 26,8% lager dan de investeringen in vaste activa per hoofd van de bevolking in Oceanië ($1.690,7).

De groei van de investeringen in vaste activa in Frans-Polynesië bedroeg 1% in de jaren 2000, stond op de 165e plaats in de wereld. De groei van de investeringen in vaste activa in Frans-Polynesië (1,0%) was minder dan de groei van de investeringen in vaste activa in de wereld (3,5%), was minder dan de groei van de investeringen in vaste activa in Oceanië (5,0%).

Vergelijking met buren. De investeringen in vaste activa van Frans-Polynesië was groter dan in Kiribati (US$44,1 miljoen) en in de Cook Eilanden (US$24,7 miljoen). De bruto-investeringen in vaste activa per hoofd in Frans-Polynesië was groter dan in de Cook Eilanden (US$1.325,1) en in Kiribati (US$479,1). De groei van de investeringen in vaste activa in Frans-Polynesië was groter dan in de Cook Eilanden (-0,74%); maar minder dan in Kiribati (3,6%).

Vergelijking met leiders. De investeringen in vaste activa van Frans-Polynesië was minder dan in de Verenigde Staten (US$2,8 biljoen), in Japan (US$1,2 biljoen), in China (US$1,0 biljoen), in Duitsland (US$557,7 miljard) en in Frankrijk (US$463,9 miljard). De investeringen in vaste activa per hoofd in Frans-Polynesië was groter dan in China (US$782,2); maar minder dan in de Verenigde Staten (US$9,4 duizend), in Japan (US$9,0 duizend), in Frankrijk (US$7,4 duizend) en in Duitsland (US$6,9 duizend). De groei van de investeringen in vaste activa in Frans-Polynesië was groter dan in de Verenigde Staten (0,43%), in Duitsland (-0,56%) en in Japan (-2,0%); maar minder dan in China (13,4%) en in Frankrijk (1,6%).

de jaren 2010

De bruto-investeringen in vaste activa van Frans-Polynesië bedroeg in de jaren 2010 US$1,1 miljard per jaar, stond op de 157e plaats in de wereld, en was vergelijkbaar met Togo (US$1,1 miljard), Bhutan (US$1,1 miljard), Guyana (US$1,2 miljard). Het aandeel in de wereld was 0,0060%, en 0,28% in Oceanië.

Het aandeel van de investeringen in vaste activa in het BBP van Frans-Polynesië was 19,4% in de jaren 2010, stond op de 147e plaats in de wereld, en was vergelijkbaar met Zuid-Amerika (19,5%), Litouwen (19,4%), Syrië (19,3%).

De investeringen in vaste activa per hoofd in Frans-Polynesië was $4.198,6 in de jaren 2010s, stond op de 57e plaats in de wereld, en was vergelijkbaar met de Turks- en Caicoseilanden (US$4,2 duizend), Equatoriaal-Guinea (US$4,2 duizend). De investeringen in vaste activa per hoofd in Frans-Polynesië was 60,2% hoger dan de investeringen in vaste activa per hoofd van de bevolking in de wereld ($2.621,1), en was in 2,5 keer lager dan de investeringen in vaste activa per hoofd van de bevolking in Oceanië ($2.621,1).

De groei van de investeringen in vaste activa in Frans-Polynesië bedroeg -0.2% in de jaren 2010, stond op de 175e plaats in de wereld. De groei van de investeringen in vaste activa in Frans-Polynesië (-0,22%) was minder dan de groei van de investeringen in vaste activa in de wereld (4,1%), was minder dan de groei van de investeringen in vaste activa in Oceanië (1,3%).

Vergelijking met buren. De investeringen in vaste activa van Frans-Polynesië was 14,6 keer groter dan in Kiribati (US$78,1 miljoen) en 33,2 keer groter dan in de Cook Eilanden (US$34,5 miljoen). De bruto-investeringen in vaste activa per hoofd in Frans-Polynesië was 2,2 keer groter dan in de Cook Eilanden (US$1.937,5) en 5,9 keer groter dan in Kiribati (US$708,8). De groei van de investeringen in vaste activa in Frans-Polynesië was minder dan in de Cook Eilanden (3,5%) en in Kiribati (3,1%).

Vergelijking met leiders. De bruto-investeringen in vaste activa van Frans-Polynesië was 3.951,6 keer minder dan in China (US$4,5 biljoen), 3.144,5 keer minder dan in de Verenigde Staten (US$3,6 biljoen), 1.057,4 keer minder dan in Japan (US$1,2 biljoen), 657,5 keer minder dan in Duitsland (US$752,5 miljard) en 608,8 keer minder dan in India (US$696,8 miljard). De investeringen in vaste activa per hoofd in Frans-Polynesië was 30,2% groter dan in China (US$3,2 duizend) en 7,8 keer groter dan in India (US$535,2); maar 2,7 keer minder dan in de Verenigde Staten (US$11,3 duizend), 2,3 keer minder dan in Japan (US$9,5 duizend) en 2,2 keer minder dan in Duitsland (US$9,2 duizend). De groei van de investeringen in vaste activa in Frans-Polynesië was minder dan in China (8,0%), in India (5,8%), in de Verenigde Staten (3,8%), in Duitsland (2,8%) en in Japan (1,8%).